Thomas Goltz

Basiswissen Verwaltungsrecht AT

Die Grundlagen in Frage und Antwort

10. Auflage 2023

ISBN 978-3-86724-069-7
10. Auflage 2023

© 2023 niederle media

Bezug möglich direkt vom Verlag
niederle media
48341 Altenberge
Fax (02505) 93 98 99
E-Mail: info@niederle-media.de
www.niederle-media.de

Der Inhalt wurde sorgfältig erstellt, bleibt aber ohne Gewähr für Richtigkeit und Vollständigkeit. Nachdruck sowie Verwendung in anderen Medien oder in Seminaren nur mit schriftlicher Genehmigung des Verlags.

▶ Inhalt

▶ Basiswissen Verwaltungsrecht AT

I. Verwaltungsrecht in Ausbildung und Prüfung 7

II. Verfassungsrechtliche Grundlagen 8

III. Rechtsquellen und Normen 13

IV. Verwaltungsorganisation 19

V. Handlungsformen der Verwaltung 30

VI. Klage- und Verfahrensarten 62

VII. Die wichtigsten Schemata 84
- Schema: Anfechtungsklage 84
- Schema: Verpflichtungsklage 87
- Schema: Allgemeine Leistungsklage 89
- Schema: Allgemeine Feststellungsklage 90
- Schema: Normenkontrollverfahren 91
- Übersicht: Merkmale des Verwaltungsakts 92
- Schema: Die Verhältnismäßigkeit 93
- Übersicht: Das Ermessen 94

▶ Empfehlenswerte Literatur

Erichsen, Hans-Uwe; Ehlers, Dirk
Allgemeines Verwaltungsrecht, 14. Auflage 2010

Eyermann, Erich
Verwaltungsgerichtsordnung, 15. Auflage 2018 (Komm.)

Knack, Hans Joachim
Verwaltungsverfahrensgesetz, 9. Auflage 2009 (Komm.)

Kopp, Ferdinand O.; Ramsauer, Ulrich
Verwaltungsverfahrensgesetz, 22. Auflage 2021 (Komm.)

Lange, Pia; Matheus, Christian
Standardfälle Verwaltungsrecht AT,
13. Auflage 2022 **(niederle media)**

Linke, Benjamin
Studienbuch Verwaltungsrecht AT (VwGO und VwVfG),
10. Auflage 2022 **(niederle media)**

Maurer, Hartmut
Allgemeines Verwaltungsrecht, 20. Auflage 2020

Peine, Franz-Joseph
Allgemeines Verwaltungsrecht, 13. Auflage 2020

Schenke, Wolf-Rüdiger
Verwaltungsprozessrecht, 17. Auflage 2021

Stelkens, Paul; Bonk, Heinz Joachim; Sachs, Michael (Komm.)
Verwaltungsverfahrensgesetz, 9. Auflage 2017

Stern, Klaus
Verwaltungsprozessrecht in der Klausur, 9. Auflage, 2008

▶ Vorwort

Dieses Skript ist gedacht als Einführung in die Grundlagen des Allgemeinen Verwaltungsrechts und soll den Blick für das Wesentliche schärfen. Dabei muss man sich stets vor Augen halten, dass dieses Gebiet nicht isoliert betrachtet werden kann. Vielmehr ist es eingebunden in ein zum Teil ausuferndes Geflecht an Normen und Rechtsinstituten.

Ziel ist es, demjenigen, der sich mit den vielgestaltigen Konstellationen des Verwaltungsrechts zu befassen hat, die hierfür erforderliche Hilfestellung zu geben, ohne ihn zugleich zu überfordern. Es ist Anliegen des vorliegenden Skripts, die systematischen Bezüge zum Besonderen Verwaltungsrecht und Verwaltungsprozessrecht zu verdeutlichen und die klausurrelevanten Schnittpunkte aufzuzeigen.

Für die wertvolle Unterstützung bei der Erstellung dieses Skripts und die Motivation, dieses zu einem gelungenen Abschluss zu bringen, bedankt sich der Autor besonders bei seinen Eltern Hannelore und Karl-Ulrich Goltz sowie Frau Rechtsanwältin Ilka Homfeld, Frau Ass. iur. Janina Jung, Herrn Jan Philip Lange und bei vielen hier namentlich nicht Genannten.

Thomas Goltz

▶ Unsere 📖 Skripten 📇 Karteikarten 🎧 Hörbücher

Zivilrecht
- 📖 Standardfälle Zivilrecht f. Anfänger (BGB AT+Kaufrecht)
- 📖 🎧 Standardfälle BGB AT
- 📖 🎧 Standardfälle Schuldrecht
- 📖 🎧 Standardfälle Ges. Schuldverhältn., §§ 677,812,823
- 📖 🎧 Standardfälle Sachenrecht (Mobiliar+Immobiliar)
- 📖 🎧 Standardfälle Familien- und Erbrecht
- 📖 🎧 Basiswissen BGB AT (Frage-Antwort)
- 📖 🎧 Basiswissen Schuldrecht AT (Frage-Antwort)
- 📖 🎧 Basiswissen Schuldrecht BT (Frage-Antwort)
- 📖 🎧 Basiswissen Sachenrecht (Frage-Antwort)
- 🎧 Basiswissen Familienrecht (Frage-Antwort)
- 🎧 Basiswissen Erbrecht (Frage-Antwort)
- 📖 Einführung in das Bürgerliche Recht (für Anfänger)
- 📖 Studienbuch BGB AT
- 📖 Studienbuch Schuldrecht AT
- 📖 Einführung Schuldrecht BT 1 - §§ 437, 536, 634, 670 ff.
- 📖 Einführung Schuldrecht BT 2 - §§ 812, 823, 765 ff.
- 📖 Einführung Sachenrecht 1 – Mobiliarsachenrecht
- 📖 Einführung Sachenrecht 2 – Immobiliarsachenrecht
- 📖 Einführung Familienrecht
- 📖 Einführung Erbrecht
- 📖 🎧 Definitionen für die Zivilrechtsklausur

Strafrecht
- 📖 Standardfälle Band 1: für Anfänger
- 📖 Standardfälle Band 2: für Fortgeschrittene
- 📖 🎧 Standardfälle Strafrecht AT (für Anfänger)
- 📖 🎧 Basiswissen Strafrecht AT (Frage-Antwort)
- 📖 🎧 Basiswissen Strafrecht BT 1 (Frage-Antwort)
- 📖 🎧 Basiswissen Strafrecht BT 2 (Frage-Antwort)
- 📖 Einführung Strafrecht AT
- 📖 Einführung Strafrecht BT 1 – Vermögensdelikte
- 📖 Einführung Strafrecht BT 2 – Nichtvermögensdelikte
- 📖 🎧 Definitionen für die Strafrechtsklausur

Öffentliches Recht
- 📖 Standardfälle Staatsrecht 1 – Staatsorganisationsrecht
- 📖 Standardfälle Staatsrecht 2 – Grundrechte
- 📖 🎧 Standardfälle f. Anfänger (StaatsorgaR u. GrundR)
- 📖 Standardfälle Verwaltungsrecht AT
- 📖 Standardfälle Polizei- und Ordnungsrecht
- 📖 Standardfälle Baurecht
- 📖 Standardfälle Europarecht
- 📖 Standardfälle Kommunalrecht
- 📖 🎧 Basiswissen StaatsR 1 – StaatsorgaR (Frage-Antwort)
- 📖 🎧 Basiswissen StaatsR 2 – Grundrechte (Frage-Antwort)
- 📖 Basiswissen Verwaltungsrecht AT (Frage-Antwort)
- 📖 Studienbuch Staatsorganisationsrecht
- 📖 Studienbuch Grundrechte
- 📖 Studienbuch Verwaltungsrecht AT
- 📖 Studienbuch Europarecht
- 🎧 Hörbuch Basiswissen Europarecht
- 📖 Studienbuch Staatshaftungsrecht
- 📖 Verwaltungsrecht AT 1 – VwVfG
- 📖 Verwaltungsrecht AT 2 – VwGO
- 📖 Verwaltungsrecht BT 1 – Polizei und Ordnungsrecht
- 📖 Verwaltungsrecht BT 2 – Baurecht
- 📖 Verwaltungsrecht BT 3 – Umweltrecht
- 📖 🎧 Definitionen Öffentliches Recht

Sozialrecht
- 📖 Einführung Sozialrecht

Nebengebiete
- 📖 Standardfälle ZPO
- 📖 🎧 Standardfälle Handels- & Gesellschaftsrecht
- 📖 🎧 Standardfälle Arbeitsrecht
- 📖 🎧 Basiswissen Handelsrecht (Frage-Antwort)
- 📖 🎧 Basiswissen Gesellschaftsrecht (Frage-Antwort)
- 📖 🎧 Basiswissen StPO (Frage-Antwort)
- 📖 🎧 Basiswissen ZPO (Frage-Antwort)
- 📖 Einführung Handelsrecht
- 📖 Einführung Gesellschaftsrecht
- 📖 Einführung Arbeitsrecht
- 📖 Einführung Kollektives Arbeitsrecht
- 📖 Einführung ZPO I - Erkenntnisverfahren
- 📖 Einführung ZPO II - Zwangsvollstreckung
- 📖 Einführung StPO - Strafprozessordnung
- 📖 Einführung IPR - Internationales Privatrecht
- 📖 Standardfälle IPR - Internationales Privatrecht
- 📖 Einführung Insolvenzrecht
- 📖 Gewerblicher Rechtsschutz & Urheberrecht
- 📖 Einführung Wettbewerbsrecht
- 📖 Einführung Sportrecht

Karteikarten
- 📇 Grundlagen des Zivilrechts
- 📇 BGB Allgemeiner Teil
- 📇 Schuldrecht BT (§§ 433, 535, 631, 812, 823)
- 📇 Schemata Zivilrecht (AT, SchuldR, SachR, FamR)
- 📇 Strafrecht AT
- 📇 Strafrecht BT 1
- 📇 Strafrecht BT 2
- 📇 Streitfragen Strafrecht
- 📇 Staatsorganisationsrecht
- 📇 Grundrechte
- 📇 Verwaltungsrecht AT
- 📇 Schemata Öffentliches Recht

Die wichtigsten Schemata
- 📖 Band 1: Zivilrecht, Strafrecht, Öffentliches Recht
- 📖 Band 2: Arbeitsrecht, Handelsrecht, Gesellschaftsrecht, StPO, ZPO

Ratgeber Jurastudium
- 📖 Ratgeber 500 Spezial-Tipps für Juristen - Wie man geschickt durchs Studium und das Examen kommt

BWL
- 📖 Einführung in die Betriebswirtschaftslehre
- 📖 Organisationsgestaltung & -entwicklung
- 📖 Fallstudien Organisationsgestaltung & -entwicklung
- 📖 Internationales Management
- 📖 Wie gelingt meine wiss. Abschlussarbeit?
- 📖 Medienwirtschaft für Mediengestalter

Assessorexamen
- 📖 Der Aktenvortrag im Strafrecht
- 📖 Der Aktenvortrag im Zivilrecht
- 📖 Staatsanwaltl. Sitzungsdienst & Plädoyer

Irrtümer und Änderungen vorbehalten!

🎧 bedeutet: auch als **Hörbuch** lieferbar!

Bei niederle-media.de bestellte Bücher treffen idR *nach 1-2 Werktagen* ein!

I. Verwaltungsrecht in Ausbildung und Prüfung

Die Studien- und Prüfungsordnungen der Bundesländer umreißen stichwortartig den Examensstoff im öffentlichen Recht. Für das allgemeine Verwaltungsrecht hat sich folgender Prüfungskatalog etabliert:

- **verfassungsrechtliche Grundlagen**
- **Rechtsquellen und Normen des Verwaltungsrechts**
- **Handlungsformen der Verwaltung**
- **Teile I bis IV des Verwaltungsverfahrensgesetzes (VwVfG)**

Wie bereits der erste Punkt zeigt, stehen die Rechtsgebiete Staats- und Verwaltungsrecht dabei nicht losgelöst nebeneinander. Die öffentliche Verwaltung ist fest in das verfassungsrechtliche System der Bundesrepublik Deutschland eingebunden. Der Blick für das Zusammenspiel zwischen Verfassungs- und Verwaltungsrecht lässt sich vor allem durch die Verinnerlichung dieser Grundprinzipien schärfen:

(1) Die öffentliche Verwaltung ist demokratisch legitimierte Staatsgewalt, Art. 20 Abs. 2 Grundgesetz (GG).

(2) Sie ist an Gesetz und Recht gebunden, Art. 20 Abs. 3 GG.

(3) Sie unterliegt der richterlichen Kontrolle, Art. 19 Abs. 4 GG.

Diese Prinzipien im Hinterkopf behaltend soll sich das vorliegende Skript in seinem Aufbau am obigen Katalog orientieren.

II. Verfassungsrechtliche Grundlagen

Für das Verwaltungshandeln ist die Beachtung des Rechtsstaatsprinzips von zentraler Bedeutung. Es ist neben den Strukturprinzipien Republik, Demokratie, Bundes- und Sozialstaat eines der tragenden Elemente unseres Verfassungssystems. Der Begriff des Rechtsstaats ergibt sich nach Ansicht des Bundesverfassungsgerichts (BVerfG) aus einer Zusammenschau unterschiedlicher Bestimmungen des GG, vornehmlich aus Art. 1, 20 Abs. 3, 19 Abs. 4 und 28 Abs. 1 Satz 1 GG (vgl. zu den Strukturprinzipien der Verfassung allgemein die Ausführungen von *Thiele*, Basiswissen Staatsrecht I, S. 11 ff.).

1. Welche Einwirkungen hat das Rechtsstaatsprinzip auf das Verwaltungsrecht?

Art. 20 Abs. 3 GG: Die Gesetzgebung ist an die verfassungsmäßige Ordnung, die vollziehende Gewalt und die Rechtsprechung sind an Gesetz und Recht gebunden.

In dieser Vorschrift findet das Prinzip der Gesetzmäßigkeit der Verwaltung als konkrete Ausprägung des Rechtsstaatsprinzips seinen Niederschlag. Danach unterliegt die Verwaltung der Rechtsbindung. Willkürliches Handeln ist der Verwaltung untersagt. Sie darf die Voraussetzungen für ihr Handeln nicht selbst festlegen. Es greifen insofern verschiedene Strukturprinzipien ineinander. Gemäß **Art. 20 Abs. 2 Satz 1 GG** geht alle Staatsgewalt vom Volke aus **(Demokratieprinzip)**. Damit muss Staatsgewalt auf einer ununterbrochenen Legitimationskette beruhen, deren Ursprung stets das (Wahl-)Volk ist. Unmittelbar demokratisch legitimiert ist lediglich das Parlament. Dessen Abgeordnete sind für die Dauer einer Wahlperiode Vertreter des gesamten Volks. Hieraus lassen sich **zwei** wesentliche **Kernelemente** des Gesetzmäßigkeitsprinzips herleiten, nämlich der

- **Vorrang des Gesetzes** und der
- **Vorbehalt des Gesetzes.**

2. Was versteht man unter dem „Vorrang des Gesetzes", was unter dem „Vorbehalt des Gesetzes"?

- **Vorrang des Gesetzes** (auch Gesetzesvorrang): Der Vorrang des Gesetzes verbietet der Verwaltung, gegen bestehende Gesetze zu verstoßen. Die Verwaltung hat das Gesetz anzuwenden, darf folglich von diesem nicht abweichen (Anwendungsgebot, Abweichungsverbot).

- **Vorbehalt des Gesetzes** (auch Gesetzesvorbehalt): Der Vorbehalt des Gesetzes betrifft die Frage, ob für ein Verwaltungshandeln eine Ermächtigungsgrundlage in einem förmlichen Gesetz erforderlich ist.

Problem: Welche Entscheidungen sind dem Parlament vorbehalten?

Aus dem Rechtsstaats- und Demokratieprinzip könnte abgeleitet werden, dass es der Verwaltung verboten ist, eigenständig irgendeinen Sachbereich zu ordnen. Hierbei ist jedoch zwischen den Bereichen **Eingriffs- und Leistungsverwaltung** zu differenzieren. Für die Eingriffsverwaltung ist der Gesetzesvorbehalt allgemein anerkannt. Freiheitsverkürzende Maßnahmen sind durchweg auf eine gesetzliche Grundlage zu stützen.

Dies resultiert bereits aus dem durch die Verfassung gewährleisteten Schutz der Grundrechte, wonach Freiheit und Eigentum der Bürger geschützt sind und allein durch Gesetz oder aufgrund eines Gesetzes beschränkt werden können (vgl. Maurer, Allgemeines Verwaltungsrecht, § 6 Rz. 12). Dagegen ist die Anwendbarkeit des Gesetzesvorbehalts auf den Bereich der Leistungsverwaltung (namentlich ist die Subventionsverwaltung zu nennen) umstritten. Zu den Einzelheiten siehe Frage Nr. 3.

3. Kann die Verwaltung den Sachbereich der Leistungsverwaltung selbstständig ordnen, da hier nicht durch Gebote und Verbote in Rechte der Bürger eingegriffen wird?

Um diese Frage beantworten zu können, empfiehlt sich ein Vergleich mit der Eingriffsverwaltung. Anknüpfungspunkt ist die Feststellung, ob und ggf. inwieweit die Leistungsverwaltung die Lebensverhältnisse der Bürger beeinflusst.

Ist die Gewährung/Versagung staatlicher Leistungen ähnlich einschneidend wie die Eingriffsverwaltung?

Diese Diskussion ist insbesondere bei der Gewährung von **Subventionen** zu führen. Die Bereitstellung finanzieller Leistungen des Staats an ein Unternehmen kann erhebliche Auswirkungen auf dessen Weiterbestehen und seine Marktpositionierung haben. Andere, nicht begünstigte Unternehmen dagegen werden hierdurch möglicherweise benachteiligt. Demnach sollte man sich folgende zwei Problemkreise vor Augen halten: **(1)** Sind Rechte Dritter beeinträchtigt? **(2)** Ob und in welcher Intensität ist die Grundrechtsausübung betroffen?

Bei der Subventionierung haben sich letztlich **zwei Meinungen** ausdifferenziert: Ein **Teil der Literatur** verlangt auch im Bereich der Vergabe von Subventionsleistungen eine **gesetzliche Ermächtigung**. Die **Rechtsprechung** und sich dieser anschließend das übrige Schrifttum (mit unterschiedlichen Nuancen) fordert hingegen im Kern keine gesetzliche Grundlage, ausreichend sei „jede andere parlamentarische Willensäußerung, insbesondere die **etatmäßige Bereitstellung der zu Subventionen erforderlichen Mittel**" (BVerwGE 6, 282 ff. [287 f.]).

Merke: Nach der Rechtsprechung genügt es, dass im **Haushaltsplan** Mittel mit einer entsprechenden Zwecksetzung bereitgestellt werden. Zudem soll die Subventionsvergabe unter rechtsstaatlichen Gesichtspunkten erfolgen, sich also an sachgemäßen Erwägungen orientieren (Sicherstellung durch interne Vergaberichtlinien [Verwaltungsvorschriften]).

Bei der Bearbeitung eines Falls ist jedoch immer auf die konkrete Situation abzustellen. So sollte geklärt werden, ob wegen des Eingriffs in die Grundrechtssphäre eines Dritten ausnahmsweise eine gesetzliche Ermächtigungsgrundlage gefordert werden muss (Unterscheidung: unmittelbare [zielgerichtete] Verkürzung der Grundrechtssphäre/mittelbare [faktische] Beeinträchtigung). Vgl. auch BVerwGE 90, 112 ff. [126].

4. Was ist unter einem „Sonderrechtsverhältnis" bzw. „besonderem Gewaltverhältnis" zu verstehen?

Staat und Bürger stehen hierbei aufgrund besonderer Beziehungen in einem engeren Verhältnis zueinander. Zu nennen sind vor allem das **Schulverhältnis**, das **Strafgefangenenverhältnis** sowie das **Beamten-** und **Wehrdienstverhältnis**. Die Bürger sind durch diese Nähebeziehung gleichsam in den Bereich der Verwaltung integriert.

5. Kommt der Gesetzesvorbehalt auch bei Sonderrechtsverhältnissen zur Geltung?

Ja. Seit der Strafgefangenenentscheidung des Bundesverfassungsgerichts (BVerfG) aus dem Jahr 1972 (BVerfGE 33, 1 ff.) steht fest, dass auch für den in einem besonderen Gewaltverhältnis stehenden Bürger die Grundrechte und der Gesetzesvorbehalt gelten. Das „Sonderrechtsverhältnis" ist keine rechtfertigende Grundlage. Anders noch die Lehre vom Sonderrechtsverhältnis, wonach sich der betroffene Bürger wegen seiner Einbeziehung in den Bereich der staatlichen Gewalt gerade nicht dieser gegenüber auf die Grundrechtsbindung berufen konnte.

Merke: Umfassende Bindung der staatlichen Gewalt an die Grundrechte!

Der Strafgefangenenentscheidung kommt grundsätzliche Bedeutung zu. Es obliegt dem Gesetzgeber, die wesentlichen Entscheidungen (so z.B. im Schulwesen) eigenständig zu treffen und diese nicht der Verwaltung zu überlassen.

Beachte: Zu klären ist immer, ob überhaupt die Stellung des Bürgers als Träger eigenständiger Rechte durch eine staatliche Maßnahme betroffen ist. Die oben angesprochene Anwendbarkeit des Vorrangprinzips entbindet nicht von einer näheren Betrachtung in diesem Punkt. Zu prüfen ist immer die Rechtsnatur einer Maßnahme (z.b. rein verwaltungsinterne Maßnahme ohne Beeinträchtigung einer persönlichen Rechtsstellung).

6. Wo und wie ist die Ausführung der Gesetze durch die Verwaltung geregelt?

Zunächst enthält das GG in den **Art. 83 ff.** Regelungen über die **Ausführung der Bundesgesetze** und die **Bundesverwaltung**. Gemäß Art. 83 führen die Bundesländer die Bundesgesetze als *eigene Angelegenheit* aus, soweit das GG nichts anderes bestimmt oder zulässt.

Grundsatz: Die Bundesländer vollziehen die Bundesgesetze als *eigene Angelegenheit.*

Der Bund greift insofern auf die Organisationsstruktur der Bundesländer zurück und macht sich bereits bestehende Länderbehörden zunutze. Der Verfassungsgeber geht vor dem Hintergrund des Art. 30 GG davon aus, dass die Bundesländer über solche Einrichtungen verfügen, durch die sie ihr Landesrecht vollziehen.

Neben der Ausführung durch die Länder als eigene Angelegenheit (Art. 83, 84 GG) sind weiter die *Bundesauftragsverwaltung* (Art. 85 Abs. 1 GG) und die *bundeseigene Verwaltung* (Art. 86 GG) verfassungsrechtlich normiert. Zu den damit verbundenen Einzelheiten vgl. die Ausführungen und Literaturhinweise bei *Thiele*, Basiswissen Staatsrecht I, S. 86 ff.

III. Rechtsquellen und Normen

7. Welche Bereiche umfasst das allgemeine Verwaltungsrecht?

Einleitend ist zu sagen, dass das allgemeine Verwaltungsrecht grundsätzlich alle die Bereiche umfasst, die für die **gesamte Verwaltung maßgeblich** sind. Konkret sind dies nachstehend genannte Regelungskomplexe:

- Verwaltungsorganisation
- Verwaltungsverfahren
- öffentlich-rechtliche Handlungsformen
- öffentliches Sachenrecht
- Verwaltungsvollstreckung
- Staatshaftung

8. Welche Gesetze treffen verfahrensrechtliche Regelungen?

Verfahrensrechtliche Regelungen sind im Verwaltungsverfahrensgesetz des Bundes (VwVfG) sowie in den Verwaltungsverfahrensgesetzen der Länder (LVwVfG) kodifiziert. Diese Gesetze enthalten aber nicht nur Vorschriften über das Verfahren (Amtshilfe, Verfahrensgrundsätze, Fristen, Termine, Wiedereinsetzung, amtliche Beglaubigung), sondern normieren zudem das materielle Verwaltungsrecht (Verwaltungsakt, öffentlich-rechtlicher Vertrag, Planfeststellung).

9. Wie lassen sich die jeweiligen Anwendungsbereiche von VwVfG und LVwVfG grob unterscheiden?

Im Grundsatz gilt: Für öffentlich-rechtlich tätig werdende Bundesbehörden ist das VwVfG anzuwenden. Handelt eine Landesbehörde, dann ist das LVwVfG einschlägig.

10. Findet das VwVfG Anwendung, wenn Landesbehörden Bundesgesetze ausführen?

Das VwVfG nimmt hierzu Stellung: Für die Bundesauftragsverwaltung (Art. 85 GG) sowie für die Ausführung als eigene Angelegenheit (Art. 83, 84 GG) gilt gemäß § 1 Abs. 1 Nr. 2 und Abs. 2 VwVfG das Bundesgesetz, **sofern nicht ein LVwVfG besteht (§ 1 Abs. 3 VwVfG).**

Merke: Da alle Länder von der Möglichkeit, ein eigenes VwVfG zu erlassen, Gebrauch gemacht haben, kommt jeweils das Landesrecht zur Anwendung. Es ist also auf das entsprechende LVwVfG abzustellen.

11. Gelten die Verwaltungsverfahrensgesetze für alle Verwaltungsbereiche?

Nein. Bestimmte Verwaltungsbereiche sind ausgeschlossen. Vgl. dazu § 2 VwVfG: So gibt es u.a. für die Finanz- und Sozialverwaltung besondere Gesetze (Abgabenordnung [AO], Sozialgesetzbuch Zehntes Buch [SGB X]). Mithin ähneln sich diese Gesetze im Aufbau und Regelungsgehalt recht stark.

12. Was versteht man unter der „Subsidiaritätsklausel" des VwVfG und wo ist sie geregelt?

Nach § 1 Abs. 1 VwVfG aE gilt das VwVfG nur, soweit nicht Rechtsvorschriften des Bundes inhaltsgleiche oder entgegenstehende Bestimmungen enthalten. Es ist daher - bei konkreten Anhaltspunkten - zu prüfen, ob nicht eine spezialgesetzliche Regelung vorgeht. Diese Zerstreuung ist jedoch aus praktischen Erwägungen nicht allzu erwünscht, so dass es in der Vergangenheit zu „Bereinigungen" kam und auch in Zukunft noch kommen wird.

13. Welche Rechtsquellen sind für das Verwaltungshandeln relevant?

Als Rechtsquellen kommen die **sog. geschriebenen Rechtsquellen** in Betracht:

- **Grundgesetz und Landesverfassungen**
- **formelle Gesetze**
- **Rechtsverordnungen**
- **Satzungen**

Daneben sind aber auch das **Gewohnheitsrecht**, die **allgemeinen Grundsätze des Verwaltungsrechts** sowie die **Verwaltungsvorschriften** zu nennen. Ob die *Verwaltungsvorschriften* tatsächlich unter den Rechtsquellenbegriff fallen, ist umstritten. Bei diesen handelt es sich *lediglich* um *verwaltungsinterne Handlungsanweisungen*. Legt man als Kriterium zugrunde, dass entsprechende Normen nach außen in Erscheinung treten müssen, so werden Verwaltungsvorschriften nicht vom Begriff der Rechtsquelle erfasst. Zu berücksichtigen ist jedoch, dass diese Vorschriften sehr wohl nach außen wirken können (Überschreitung der Innenwirkung). Dazu im Einzelnen bei Frage Nr. 16.

14. Was besagt die „Wesentlichkeitstheorie"?

Nach dieser insbesondere vom BVerfG vertretenen Theorie hat der parlamentarische Gesetzgeber (also der Bundestag bzw. Landtag als das einzig unmittelbar legitimierte Organ) **alle wesentlichen Angelegenheiten im Verhältnis Staat - Bürger selbst zu regeln**. Er darf diese nicht einfach der Verwaltung überlassen. Vielmehr muss er ein Gesetz schaffen, das der Verwaltung dann als **Ermächtigungsgrundlage** dient.

15. Was ist bei der Heranziehung von Verwaltungsvorschriften durch die Verwaltung zu beachten?

Verwaltungsvorschriften ähneln Gesetzen und Rechtsverordnungen insoweit, dass sie einen abstrakt-generellen Gehalt aufweisen, also für eine unbestimmte Zahl von Menschen und Sachverhalten gedacht sind. Die Bindungswirkung ist hingegen vom Ansatz her nur auf die Behörde beschränkt. Adressat ist somit keinesfalls der Bürger selbst (keine unmittelbaren Rechte und Pflichten für den Bürger!). Jedoch ist auf eine mögliche **mittelbare Bindungswirkung** zu achten. Eine durch Verwaltungsvorschriften vereinheitlichte Praxis kann im konkreten Sachverhalt zu einer „**Selbstbindung der Verwaltung**" führen. Verfolgtes Ziel der internen Handlungsanweisungen ist die Einheitlichkeit der Rechtsanwendung. Damit eng verbunden ist der Aspekt der **Rechtssicherheit durch Gleichbehandlung (Art. 3 Abs. 1 GG)**.

In der Fallbearbeitung begegnet man der Problematik dann, wenn sich Verwaltungsvorschriften auf die Handhabung **unbestimmter Rechtsbegriffe** beziehen oder diese Regelungen zu **Ermessenserwägungen** treffen (Vorschriften mit verhaltenslenkendem Inhalt).

Norminterpretierende Verwaltungsvorschriften betreffen die **Auslegung** und Anwendung von Rechtsnormen (Hilfestellung bei der Gesetzesauslegung, Interpretation unbestimmter Rechtsbegriffe).

Ermessenslenkende Verwaltungsvorschriften geben der Verwaltung vor, **wie** sie das ihr eingeräumte **Ermessen auszuüben hat** (Lenkung, Konkretisierung und Bindung des auf der Rechtsfolgenseite bestehenden Entscheidungsspielraums).

Die Prüfung einer **mittelbaren Bindungswirkung** verläuft so:

(1) Vergleichbarkeit der Konstellationen:
   Gleichartige Fälle wurden in der bisherigen Verwaltungspraxis im Sinne des Antragstellers beschieden.

(2) Keine willkürliche Abweichung:
Für eine andere Entscheidung besteht kein sachlicher Grund.

Beachte: Eine bisherige rechtswidrige Verwaltungspraxis entfaltet indes keine mittelbare Bindungswirkung.

16. Was ist unter einer „normkonkretisierenden Verwaltungsvorschrift" zu verstehen? Wie unterscheidet sie sich von der „norminterpretierenden Verwaltungsvorschrift"?

Wie bei Frage Nr. 15 bereits festgestellt wurde, beschränkt sich die Bindungswirkung von Verwaltungsvorschriften grundsätzlich nur auf die Behörden selbst. Hintergrund der Beschränkung ist die fehlende demokratische Legitimation der Verwaltung für eine unmittelbar nach außen hin wirkende Rechtsetzung. Der Binnenrechtscharakter hat zur Folge, dass die Regelungen weder für den Bürger noch für die Verwaltungsgerichtsbarkeit verbindlich sind. Anders ist dies, wenn unbestimmte Rechtsbegriffe durch Normen mit Außenwirkung konkretisiert werden. So sind die Verwaltungsgerichte an Begriffsmerkmale in formellen Gesetzen und Rechtsverordnungen gebunden (zur Problematik „Wesentlichkeitstheorie" beim Erlass von Rechtsnormen vgl. Frage Nr. 14).

Einigen Verwaltungsvorschriften soll eine den obigen Rechtsquellen entsprechende Außenwirkung zukommen. In **Abgrenzung zu** den **bloßen Interpretationshilfen** spricht man hier von sog. normkonkretisierenden Verwaltungsvorschriften. Vornehmlich sind diese im **Planungs-, technischen Sicherheits- und Umweltrecht** (z.B. Festlegung naturschutzrechtlich relevanter Grenzwerte, Immissionswerte) anzutreffen. In diesem Bereich ist der Gesetzgeber auf den **wissenschaftlich-technischen Sachverstand** von Fachleuten angewiesen (Stichwort: Komplexität). Gerade die Einbringung von Erkenntnissen und Erfahrungen aus Technik und Wissenschaft in Form von Standards führt zu einer gleichmäßigen und damit für die Betroffenen kalkulierbaren Gesetzesausführung.

Die unmittelbare Außenwirkung der normkonkretisierenden Verwaltungsvorschriften ist im Einzelnen umstritten. Vor dem Hintergrund der bisherigen Rechtsprechung, die sich auf die Gebiete des Sicherheits- und Umweltschutzrechts bezog (vgl. hierzu das Wyhl-Urteil, BVerwGE 72, 300 [320 f.].), wird eine Ausdehnung auf andere Bereiche diskutiert.

In diesem Zusammenhang sind die Vorschriften **TA Lärm** und **TA Luft** als Merkposten zu nennen (siehe §§ 48, 51 BImSchG).

Wichtig ist, dass man die aus dem Gewaltenteilungs- und Demokratieprinzip resultierenden Erfordernisse bei der Überlassung der Regelungsbefugnis berücksichtigt. Die Rücknahme der verwaltungsgerichtlichen Kontrolle verlangt deshalb nach gewissen Einschränkungen (u.a. Heranziehung von Kriterien, die in der Wesentlichkeitstheorie ihren Ausdruck finden; Aufstellen verfahrensrechtlicher Regelungen hinsichtlich des Erlasses).

17. Ist die Umsetzung von EU-Richtlinien durch Verwaltungsvorschriften zulässig?

Eine Umsetzung von EU-Richtlinien durch Verwaltungsvorschriften ist nach der EuGH-Rechtsprechung als **nicht hinreichend** zu erachten. Zwar überlässt Art. 288 Abs. 3 AEUV bei der Umsetzung „den innerstaatlichen Stellen die Wahl der Form und Mittel", jedoch schränkt der EuGH die Wahlfreiheit dahingehend ein, dass die gewählte Art ausreichend klar und bestimmt zu sein hat („effektive Durchsetzung des Unionsrechts").

Derjenige, dem durch die Richtlinie Rechte zugesprochen werden sollen, muss hiervon Kenntnis erlangen und diese auch gerichtlich durchsetzen können. Nach Auffassung des EuGH ist dies bei verwaltungsinternen Vorschriften eben nicht gewährleistet (vgl. EuGH NVwZ 1991, 866 ff. zur TA Luft).

Merke: Der Auffassung des EuGH hat der deutsche Gesetzgeber hinsichtlich des Immissionsschutzrechts durch Einführung des **§ 48a BImSchG** Rechnung getragen. Für die Erfüllung von bindenden Rechtsakten der Europäischen Gemeinschaften oder der Europäischen Union auf diesem Gebiet ist nunmehr die Umsetzung durch **Rechtsverordnungen** vorgesehen.

Hinweis: Der ebenfalls europarechtlich relevanten Problematik „Rückforderung unionsrechtswidrig gewährter Beihilfen durch einen Mitgliedsstaat" widmet sich ausführlich die Frage Nr. 58.

IV. Verwaltungsorganisation

Die Erledigung staatlicher Aufgaben erfolgt durch Verwaltungsträger. Originärer Verwaltungsträger ist der Staat, er leitet seine Existenz und Befugnisse von keiner anderen Instanz ab (vgl. Maurer, Allgemeines Verwaltungsrecht, § 21 Rz. 7). Hier spricht man von **unmittelbarer Staatsverwaltung**. Die Wahrnehmung der staatlichen Verwaltung kann jedoch auch auf rechtlich verselbständigte Verwaltungsträger übertragen werden. Die derart ausgeübte Tätigkeit wird als **mittelbare Staatsverwaltung** bezeichnet.

18. Wie ist die unmittelbare Staatsverwaltung organisiert?

Bereits unter dem Kapitel „Verfassungsrechtliche Grundlagen" wurde die aus dem Bundesstaatsprinzip resultierende Verteilung der einzelnen Kompetenzen des Bundes auf der einen und der Länder auf der anderen Seite hinsichtlich des Gesetzesvollzugs kurz thematisiert (siehe dazu Frage Nr. 6 und den entsprechenden Verweis auf *Thiele*, Basiswissen Staatsrecht I). Die Grundaufteilung ist danach:

- unmittelbare **Bundes-** und **Landes**verwaltung

Grundsätzlich lassen sich in beiden Bereichen **drei Stufen** (vertikal) unterscheiden:

(1) **Oberstufe**

Hierunter fallen auf **Bundesebene** die *Obersten Bundesbehörden* und die *Bundesoberbehörden* sowie auf **Landesebene** die *Obersten Landesbehörden* und die *Landesoberbehörden*.

(2) Mittelstufe

Die entsprechenden staatlichen Einrichtungen werden unter den Begriffen *Bundes-* und *Landesmittelbehörden* zusammengefasst.

(3) Unterstufe

Dazu gehören die *Bundesunterbehörden* und die *unteren Landesbehörden*.

19. Welche Besonderheit ist bei der unmittelbaren Bundesverwaltung zu beachten?

Der Vollzug der Bundesgesetze durch bundeseigene Verwaltungsträger kommt lediglich dann in Betracht, wenn der Bund selbst verfassungsrechtlich dazu ermächtigt ist (Verwaltungskompetenzen des Bundes gem. Art. 86 ff. GG). Hintergrund ist die grundsätzliche Kompetenzverteilung zugunsten der Länder als Ausdruck des sog. **Subsidiaritätsprinzips:** Es soll der Hoheitsträger handeln, der mehr Bürgernähe aufweisen kann (siehe hierzu *Thiele*, Basiswissen Staatsrecht I, S. 20).

20. Welche Auswirkungen hat das unter Frage Nr. 19 erwähnte Subsidiaritätsprinzip bezüglich des Aufbaus der Bundesverwaltung?

Die unmittelbare Bundesverwaltung ist nur in wenigen Bereichen mehrstufig aufgegliedert. Es fehlt meist an Einrichtungen der Mittel- und Unterstufe. Einem ausgedehnten Verwaltungsapparat des Bundes wirken verfassungsrechtliche Vorgaben entgegen. Namentlich zu nennen sind die **Art. 87 bis 89 GG**. Dort sind ausdrücklich Bereiche der bundeseigenen Verwaltung *mit* eigenem Verwaltungsunterbau aufgeführt.

Zur Vertiefung:

Zum Teil ist die Bundesverwaltung zwingend vorgeschrieben (sog. **obligatorische Bundesverwaltung**), u.a. betrifft dies den Auswärtigen Dienst und die Bundesfinanzverwaltung:

- Art. 87 Abs. 1 Satz 1 GG
- Art. 87 b Abs. 1 Satz 1 GG
- Art. 87 d Abs. 1 GG
- Art. 87 e Abs. 1 Satz 1 GG
- Art. 87 f Abs. 2 Satz 2 GG

Ferner gibt es Gebiete, in denen eine Bundesverwaltung zulässig ist (sog. **fakultative Bundesverwaltung**), z.B. beim Bundesgrenzschutz bzw. bei der Wahrnehmung bundespolizeilicher Aufgaben:

- Art. 87 Abs. 1 Satz 2 GG
- Art. 87 b Abs. 2 GG.

21. Wie ist die unmittelbare Landesverwaltung aufgebaut? Welche Unterschiede gibt es zwischen den einzelnen Bundesländern?

Der dreistufige Aufbau findet sich nicht in jedem Bundesland wieder. In einigen Bundesländern entfällt die Mittelinstanz, so dass lediglich eine zweigliedrige Verwaltungsorganisation vorliegt. Dies betrifft zum einen die Stadtstaaten Berlin, Bremen und Hamburg, aber auch Flächenstaaten wie Brandenburg, Mecklenburg-Vorpommern und das Saarland. Bei Zugrundelegung des dreigliedrigen Aufbaus gestaltet sich die Organisation wie folgt:

(1) **Oberstufe**

- <u>Oberste Landesbehörden:</u>

Landesregierung, Ministerpräsident und Landesminister sowie der Landesrechnungshof

- **Landesoberbehörden:**

  sog. Landesämter (z.B. Statistisches Landesamt, Landeskriminalamt und Landesamt für Besoldung und Versorgung)

  Diese sind den Landesministerien unmittelbar nachgeordnet, **sachlich** für **bestimmte Verwaltungsaufgaben** und **örtlich** für das **gesamte Landesgebiet** zuständig (vgl. Maurer, Allgemeines Verwaltungsrecht, § 22 Rz. 20).

(2) **Mittelstufe**

sog. Bezirksregierungen, Regierungspräsidien

Sie unterstehen unmittelbar den Obersten Landesbehörden. Soweit nicht die Zuständigkeit einer Sonderverwaltungsbehörde gegeben ist, nehmen Bezirksregierungen bzw. Regierungspräsidien als allgemeine Behörde alle Verwaltungsaufgaben für ein **bestimmtes Gebiet** wahr.

Merke: Sie üben die **Aufsicht über Behörden der Unterstufe** aus. Zudem erfüllen sie gewisse erstinstanzliche Verwaltungsaufgaben.

Klausurtipp:

Die Landesmittelbehörde ist in der Fallbearbeitung häufig anzutreffen. Eine besondere Funktion kommt ihr als **Widerspruchsbehörde** im Sinne des **§ 73 Abs. 1 Satz 2 Nr. 1** Verwaltungsgerichtsordnung (**VwGO**) zu. Sie ist grundsätzlich zuständig für den Erlass von Widerspruchsbescheiden gegen Verwaltungsakte der unteren Verwaltungsbehörde. Beachten Sie auch die Besonderheiten bei Selbstverwaltungsangelegenheiten, § 73 Abs. 1 Satz 2 Nr. 3 VwGO.

In den Bundesländern Sachsen-Anhalt, Schleswig-Holstein und Thüringen werden die Aufgaben von einem zentralen „Landesverwaltungsamt" erledigt, so dass sich die örtliche Zuständigkeit auf das gesamte Landesgebiet erstreckt.

Zum Teil gibt es Bestrebungen, die Aufgaben der Mittelstufe bei einer (allgemeinen) Behörde zu konzentrieren und die Zahl der Sonderverwaltungsbehörden zu reduzieren (zur „horizontalen Konzentration" allgemein siehe *Burgi* in Erichsen/Ehlers, Allgemeines Verwaltungsrecht, § 8 Rz. 16).

(3) **Unterstufe**

Bei der Unterstufe ist zu differenzieren und zwar zwischen allgemeinen Verwaltungsbehörden und Sonderverwaltungsbehörden. Die **Kreis- und Gemeindebehörden** werden als **allgemeine Verwaltungsbehörden** der unteren Stufe tätig. Daneben existiert noch eine Vielzahl an besonderen Verwaltungsbehörden wie z.B. Gewerbeaufsichtsämter, Straßenbauämter und Schulämter. Die im Rahmen der Mittelstufe angesprochene Tendenz zur Konzentrierung möglichst vieler Aufgaben bei einer allgemeinen Behörde ist hier ebenso zu verzeichnen.

Die Wahrnehmung der staatlichen Aufgaben auf der Unterstufe erfolgt somit durch:

- den Landrat/das Landratsamt (unterschiedliche Handhabung in den einzelnen Bundesländern)

- die kreisfreien Städte/Stadtkreise

- die sonstigen großen Städte („Große Kreisstadt")

22. Was ist unter „Organleihe" zu verstehen?

Ausgangspunkt ist die **Doppelstellung** der Landräte bzw. der Landratsämter. Diese fungieren nicht nur als Kommunalbehörden (Erledigung von Aufgaben der Selbstverwaltungskörperschaft Landkreis), sondern zugleich auch als staatliche Behörde (Wahrnehmung von Aufgaben der staatlichen Verwaltung).

Eine Organleihe ist anzunehmen, *„wenn ein bestimmtes Organ neben den Aufgaben seines Verwaltungsträgers gewisse Aufgaben eines anderen Verwaltungsträgers wahrzunehmen hat und insoweit als dessen Organ tätig wird."* (Maurer, Allgemeines Verwaltungsrecht, § 21 Rz. 54).

Merke: Ein Landkreis „leiht" dem Staat seinen Landrat/sein Landratsamt = Doppelfunktion.

Zur ausdrücklichen Erwähnung der Doppelfunktion in den Landkreisordnungen (LKrO) siehe u.a. § 1 Abs. 3 Satz 2 LKrO Baden-Württemberg, § 41 Abs. 1 LKrO Rheinland-Pfalz.

23. Gibt es staatliche Verwaltungsbehörden auf der Gemeindeebene?

Nein. Eine Organleihe erfolgt ebenfalls nicht. Die Gemeinde als solche ist **keine Staatsbehörde**. Dennoch erledigt sie staatliche Aufgaben - **im Auftrag**.

Kommunalisierung der unteren Staatsverwaltung

Der Staat bedient sich der Kommunalbehörde, um durch diese Gesetze vollziehen zu lassen (Fall der **„mittelbaren Staatsverwaltung"**).

Mitunter kann die Abgrenzung zwischen einer Organleihe und einer auftragsweisen Erledigung schwierig sein, so z.B. bei der Einordnung der Tätigkeit des Bürgermeisters/der Gemeinde als Ortspolizeibehörde. Sofern ein gesetzgeberischer Wille - explizit - keinen anderweitigen Ausdruck in einer Regelung gefunden hat, ist wohl von einer Auftragsangelegenheit auszugehen. Die Erfüllung im Auftrag stellt einen weniger einschneidenden Eingriff in die Organisationsgewalt des Verwaltungsträgers Gemeinde dar und entspricht der o.g. Grundordnung.

24. Wie wirkt sich die Einordnung als staatliche Verwaltungsbehörde prozessual aus?

In der Fallbearbeitung ist meist eine Maßnahme oder Unterlassung seitens einer Behörde auf Gemeinde- oder Kreisebene zu behandeln. Für die Bestimmung, wer **Widerspruchsbehörde** und wer **Klagegegner** ist, muss geklärt werden, welchem Bereich der konkrete Streit zuzuordnen ist. Steht eine *Selbstverwaltungsangelegenheit* (vgl. *Art. 28 Abs. 2 GG*: Recht auf Selbstverwaltung, „Angelegenheiten der örtlichen Gemeinschaft") oder die *Erledigung staatlicher Aufgaben* im Zentrum der Auseinandersetzung?

Selbstverwaltungangelegenheit

Bei Selbstverwaltungsangelegenheiten bestimmt sich die Widerspruchsbehörde nach § 73 Abs. 1 Satz 2 Nr. 3 VwGO. Danach erlässt die Selbstverwaltungsbehörde den Widerspruchsbescheid, es sei denn, es wurde eine anderweitige Regelung getroffen. Hiervon haben einige Länder Gebrauch gemacht (vgl. z.B. § 8 Abs. 1 des Ausführungsgesetzes zur VwGO Baden-Württemberg, wobei die Zweckmäßigkeitsprüfung der Gemeinde verbleibt).

untere Staatsverwaltung

(1) Auf Kreisebene („Organleihe"/ „Doppelfunktion in der Verwaltung"):

Landrat/Landratsamt als Staatsbehörde (siehe z.B. § 1 Abs. 3 Satz 2 LKrO, § 13 Abs. 1 Nr. 1 Landesverwaltungsgesetz [LVG] Baden-Württemberg)

- Widerspruchsbehörde, § 73 Abs. 1 Satz 2 Nr. 1 VwGO iVm der entsprechenden Regelung in den Landesverwaltungsgesetzen (z. B. § 22 Nr. 2 LVG Baden-Württemberg: Regierungspräsidium)

- Klagegegner, § 78 Abs. 1 Nr. 1 VwGO: Land, nicht aber Landkreis

(2) Auf Gemeindeebene („Auftrag"/ „übertragener Wirkungskreis"):

Die Gemeinde verwaltet „alle öffentlichen Aufgaben allein und unter eigener Verantwortung" (siehe u.a. § 2 Abs. 1 Gemeindeordnung Baden-Württemberg) – die Gemeinde ist nicht Staatsbehörde

- Widerspruchsbehörde bestimmt sich nach dem einschlägigen materiellen Recht

- Klagegegner, § 78 Abs. 1 Nr. 1 VwGO: stets Gemeinde (vgl. auch § 1 LVG Baden-Württemberg, der *zwischen staatlichen Behörden* und *Gemeinden, die staatliche Aufgaben erfüllen, unterscheidet*)

25. Durch welche ausgegliederten Verwaltungsträger wird die mittelbare Staatsverwaltung wahrgenommen?

Aufgaben der staatlichen Verwaltung können auch durch **verselbständigte** Rechtsträger des öffentlichen Rechts oder **des Privatrechts** erledigt werden. Die Ausführung der Gesetze mittels solcher ausgegliederter Verwaltungsträger wird unter der Begrifflichkeit „mittelbare Staatsverwaltung" zusammengefasst.

A. Juristische Personen des öffentlichen Rechts

Allen juristischen Personen des öffentlichen Rechts ist gemein, dass sie durch einen staatlichen **Hoheitsakt** errichtet werden. Sie verfolgen einen **öffentlichen Zweck**.

Körperschaften des öffentlichen Rechts

Eine wichtige Position nehmen die **Körperschaften des öffentlichen Rechts** ein. Wesentliches Merkmal ist, dass diese **mitgliedschaftlich verfasst** sind.
Merke: Die Körperschaft des öffentlichen Rechts setzt sich aus Mitgliedern zusammen. Nach der Ausgestaltung der Mitgliedschaft lassen sich folgende Formen unterscheiden:

(1) Gebietskörperschaft

Dazu zählen Gemeinden, Gemeindeverbände und Landkreise. Die Mitgliedschaft ergibt sich kraft Gesetzes aus dem *Wohnsitz einer Person*. Bund und Länder fallen gleichfalls hierunter.

(2) Personalkörperschaft

Die Mitgliedschaft ist abhängig von einer bestimmten *Eigenschaft einer Person* wie z.B. die Zugehörigkeit zu einer Berufsgruppe. Wichtige Personalkörperschaften sind die Bundesrechtsanwaltskammer und die Landesärztekammern.

Die Zugehörigkeit kann außerdem auf einem dahingehenden *Willen einer Person* fußen.

Man differenziert also zwischen einer **zwangsweisen Mitgliedschaft** und einem **freiwilligen Beitritt**.

(3) Verbandskörperschaft

Die Körperschaften des öffentlichen Rechts sind *ihrerseits zu einer solchen zusammengeschlossen.* Eine Verbandskörperschaft ist z.B. der kommunale Zweckverband.

Zu beachten ist, dass Körperschaften des öffentlichen Rechts zwar mitgliedschaftlich verfasst, selbst jedoch vom Wechsel der Mitglieder unabhängig sind.

Anstalten des öffentlichen Rechts

Im Gegensatz zu den Körperschaften des öffentlichen Rechts werden diese **nicht durch Mitglieder getragen**. Sie haben lediglich **Benutzer**.

Die Anstalt des öffentlichen Rechts ist eine organisatorische Zusammenfassung personeller und sachlicher Mittel zu einer verselbständigten Verwaltungseinheit und nimmt bestimmte Aufgaben staatlicher Verwaltung wahr (*Maurer*, Allgemeines Verwaltungsrecht, § 23 Rz. 47).

Handelt es sich lediglich um eine haushaltsrechtliche und **organisatorisch selbständige Einheit**, die **rechtlich** weiterhin einem **anderen Verwaltungsträger zuzuordnen** ist, liegt allenfalls eine **nichtrechtsfähige Anstalt** vor. Die **rechtsfähige Anstalt** des öffentlichen Rechts ist hingegen **auch rechtlich verselbständigt**.

Merke: Die Einordnung als rechtsfähige oder nichtrechtsfähige Anstalt hat Bedeutung für die Klausurbearbeitung.

> **Klausurtipp:**
>
> Da die **rechtsfähige Anstalt** des öffentlichen Rechts die ihr obliegenden Aufgaben in Eigenverantwortung erledigt, ist sie **selbst Klagegegner im Sinne des § 78 VwGO**, bei der **nichtrechtsfähigen Anstalt** im Grundsatz deren **Träger**. Bezüglich der nichtrechtsfähigen Anstalten, denen eine gewisse Selbständigkeit zukommt, kann mitunter diskutiert werden, ob diese nicht wie rechtsfähige behandelt werden sollen.

Beispiel: Öffentlich-rechtliche Rundfunkanstalten und kommunale Sparkassen.

Stiftungen des öffentlichen Rechts

Stiftungen des öffentlichen Rechts sind organisatorisch und **rechtlich verselbständigte** Verwaltungsträger, die mit einem **öffentlichen Kapital- und Sachbestand** Aufgaben der öffentlichen Verwaltung erledigen.

Auch sie sind nicht mitgliedschaftlich verfasst. Ihrer Stiftungszweckbestimmung folgend dienen sie sog. **Destinatären (Nutznießern)**. Ein Beispiel ist die „Stiftung Preußischer Kulturbesitz".

B. Privatrechtlich organisierte Verwaltungsträger

Selbst Private können als Verwaltungsträger für den Gesetzesvollzug in Dienst genommen werden. In Betracht kommt die Übertragung auf sog. **Beliehene**. Sie nehmen dann im eigenen Namen hoheitliche Aufgaben wahr. Für die Klausurbearbeitung ist bedeutsam, dass die Beliehenen bei einer entsprechenden Ausübung von Verwaltungstätigkeiten **Verwaltungsakte** erlassen und sonstige ansonsten allein dem Staat zustehende Maßnahmen durchführen können. Sie sind folglich Klagegegner.

Fraglich ist weiterhin, wie die Widerspruchsbehörde zu bestimmen ist. Denkbar erscheint, dass sie selbst Widerspruchsbehörden sind - in analoger Anwendung des § 73 Abs. 1 Satz 2 Nr. 3 VwGO („Selbstverwaltungsangelegenheit"). Das ist nicht unproblematisch, da sie statusrechtlich (Abgrenzung zu den juristischen Personen des öffentlichen Rechts) Privatrechtssubjekte bleiben. Zu bevorzugen ist wohl demnach eine Anwendung des § 73 Abs. 1 Satz 2 Nr. 1 VwGO.

Beispiele für Beliehene sind der TÜV, der Fleischbeschauer, der Notar, die staatlich anerkannten Privatschulen und der Bezirksschornsteinfeger.

V. Handlungsformen der Verwaltung

Das Verwaltungsrecht stellt der öffentlichen Verwaltung in erster Linie den **Verwaltungsakt** und den **Verwaltungsvertrag** zur Verfügung. Beide Handlungsformen finden sich ausdrücklich in den Verfahrensgesetzen (VwVfG, LVwVfG) wieder. Darauf ist staatliches Handeln jedoch - das zeigt die Vielgestaltigkeit des modernen öffentlichen Lebens - nicht beschränkt. Neben diesen klassischen Formen prägen folgende Instrumentarien die Beziehung zwischen Staat und Bürger: (1) Rechtsverordnung, (2) Planung, (3) Realakt und (4) Handlungsformen des Privatrechts.

Eine zentrale Position nimmt der Verwaltungsakt ein. Durch diesen ist es der öffentlichen Hand möglich, einseitig die Rechtsfolgen verbindlich gegenüber dem Bürger festzusetzen, die sich in der konkreten Situation aus der Anwendung der Rechtsordnung auf einen Sachverhalt ergeben.

26. Welche Bedeutung hat der Verwaltungsakt im verwaltungsrechtlichen System?

Der Verwaltungsakt ist Dreh- und Angelpunkt zwischen diesen drei Bereichen:
- **Verwaltungsverfahrensrecht**
- **materielles Verwaltungsrecht**
- **Verwaltungsprozessrecht**

Dem Staat ist damit gleichsam ein effektives Mittel zur zwangsweisen Durchsetzung von Ge- und Verboten in die Hand gegeben. Dies betrifft ein weiteres Gebiet, nämlich das **Verwaltungsvollstreckungsrecht**.

(1) **Verwaltungsverfahrensrecht**

Der Verwaltungsakt ist in § 35 (L)VwVfG legaldefiniert. Die Tätigkeit einer Behörde, die auf die Prüfung der Voraussetzungen, die Vorbereitung und den Erlass eines Verwaltungsaktes gerichtet ist, wird als Verwaltungsverfahren bezeichnet, § 9 (L)VwVfG. Somit sind die im (L)VwVfG normierten **Verfahrensgrundsätze** sowie Bestimmungen über Fristen, Termine, Wiedereinsetzung und amtliche Beglaubigung zu beachten.

(2) **materielles Verwaltungsrecht**

Der Verwaltungsakt verpflichtet ein Außenrechtssubjekt zu einem bestimmten Verhalten **(unmittelbare Rechtswirkung nach außen)**. Vgl. wiederum § 35 (L)VwVfG.

(3) **Verwaltungsprozessrecht**

Die Einordnung als Verwaltungsakt stellt eine wichtige Weichenstellung dar. **Anfechtungs- und Verpflichtungsklage** setzen einen Verwaltungsakt voraus (§ 42 Abs. 1 VwGO, statthafte Klageart). Ferner sind die besonderen Zulässigkeitsvoraussetzungen für deren Erhebung zu prüfen. So ist vor Erhebung einer Anfechtungsklage bzw. Verpflichtungsklage (hier, sofern der Antrag auf Vornahme des Verwaltungsakts abgelehnt worden ist) zunächst ein Vorverfahren - Widerspruchsverfahren - gemäß § 68 VwGO durchzuführen. Im Übrigen sind bestimmte Fristen einzuhalten (§§ 70, 74 VwGO).

27. Welche Voraussetzungen müssen für die Annahme eines Verwaltungsakts vorliegen?

Nach § 35 Satz 1 VwVfG ist *jede Verfügung, Entscheidung oder andere hoheitliche Maßnahme, die eine Behörde zur Regelung eines Einzelfalls auf dem Gebiet des öffentlichen Rechts trifft und die auf unmittelbare Rechtswirkung nach außen gerichtet ist*, als Verwaltungsakt zu qualifizieren. Folgende Merkmale kennzeichnen also den VA:
(1) hoheitliche Maßnahme
(2) einer Behörde
(3) zur Regelung
(4) eines Einzelfalls
(5) auf dem Gebiet des öffentlichen Rechts
(6) auf unmittelbare Rechtswirkung nach außen gerichtet

Vgl. zu den einzelnen Merkmalen auch die Übersicht auf S. 92.

28. Sind Vorgänge automatisierter Verwaltung eine hoheitliche Maßnahme im Sinne des § 35 Satz 1 VwVfG?

Ja. Die Verwendung von technischen Einrichtungen (z.B. EDV-Anlagen/Wechsellichtzeichen im Verkehr -Ampel-) steht der Annahme eines zweckgerichteten Verhaltens, welches dem Staat zurechenbar ist, nicht entgegen. Ihre Vorgänge sind auf den Einsatz von Programmen zurückzuführen, die durch Menschen konzipiert wurden. Vgl. zum entsprechenden Willen des Gesetzgebers z.B. § 28 Abs. 2 Nr. 4 VwVfG.

29. Was ist unter einer „Behörde" zu verstehen?

Unter den Behördenbegriff des Verwaltungsrechts fällt jede Stelle, die Aufgaben der öffentlichen Verwaltung wahrnimmt, § 1 Abs. 4 VwVfG.

30. Warum ist das Merkmal „zur Regelung" ein wichtiges Abgrenzungskriterium in der Bearbeitung einer verwaltungsrechtlichen Klausur?

Eine Regelung ist eine rechtsverbindliche Anordnung, die auf Setzung einer Rechtsfolge gerichtet ist (vgl. *Maurer*, Allgemeines Verwaltungsrecht, § 9 Rz. 6).

Voraussetzung für die Annahme eines Verwaltungsakts ist somit, dass es sich um eine Maßnahme handelt, die nach ihrem Erklärungsgehalt unmittelbar darauf abzielt, eine einseitig verbindliche Rechtsfolge zu setzen.

Liegt ein solcher Erklärungsinhalt nicht vor, so ist von einem **rein tatsächlichen Verwaltungshandeln (Realakt)** auszugehen. Weniger problematisch ist die Zuordnung zum Realakt bei bloßen Verrichtungen. Bei der *Äußerung eines Verwaltungsträgers* kann hingegen im konkreten Fall *zweifelhaft* sein, ob diese einen *entscheidenden Charakter* besitzt. Der Inhalt ist gegebenenfalls im Wege der Auslegung zu bestimmen. Im Einzelnen vgl. die Fragen Nr. 34 bis 37.

Bei Annahme eines rein tatsächlichen Verwaltungshandelns scheiden Anfechtungs- und Verpflichtungsklage als statthafte Klagearten aus. Ein Vorverfahren gemäß § 68 VwGO entfällt. Statthafte Klageart ist hier die **allgemeine Leistungsklage**.

Merke: Die Zuordnung gewinnt (sofern Anhaltspunkte für eine Abgrenzung bestehen) dann an Bedeutung, wenn die bei der Anfechtungs- bzw. Verpflichtungsklage relevanten **Fristen (§§ 70, 74 VwGO) überschritten** sind. Insoweit kommt der allgemeinen Leistungsklage mitunter die Funktion eines prozessualen „Rettungsankers" zu.

31. Wie lässt sich das Merkmal „zur Regelung" unterscheiden? Welche Auswirkungen sind mit der Einordnung verbunden?

Je nach inhaltlicher Ausprägung ist zwischen **befehlenden, gestaltenden und feststellenden** Verwaltungsakten zu unterscheiden. **(1)** Den befehlenden Verwaltungsakten sind die Ge- und Verbote zuzuordnen. Sie fordern ein bestimmtes Tun, Dulden oder Unterlassen des Betroffenen ein und sind im Wege der Verwaltungsvollstreckung durchsetzbar. **(2)** Die gestaltenden Verwaltungsakte begründen, ändern oder heben ein Rechtsverhältnis unmittelbar auf und bedürfen damit nicht einer gesonderten Vollstreckung. **(3)** Die feststellenden Verwaltungsakte beziehen sich auf die Feststellung eines Rechts oder einer rechtlich erheblichen Eigenschaft einer Person bzw. Sache. Bei dieser Gruppe kann eine Regelungsfunktion nicht ohne weiteres angenommen werden, da sie eigentlich nur das wiedergibt, was durch Gesetz schon verbindlich geregelt ist. Letztlich kann ein Regelungscharakter bejaht werden. Die Verwaltung individualisiert den abstrakt-generellen Rechtssatz für den Einzelfall und trifft folglich eine Regelung.

Merke: Die öffentliche Verwaltung kann **befehlende Verwaltungsakte selbst vollstrecken**. Sie ist in diesem Bereich nicht auf einen gerichtlichen Titel angewiesen **(Verwaltungszwang)**. Allgemeine Vollstreckungsvoraussetzung ist neben der formellen Vollstreckbarkeit (Verwaltungsakt ist unanfechtbar, der sofortige Vollzug ist angeordnet oder ein eingelegter Rechtsbehelf entfaltet keine aufschiebende Wirkung) die materielle Vollstreckbarkeit: Diese ist gegeben, wenn der Verwaltungsakt eine Titelfunktion beinhaltet (Verfügung). Vgl. z.B. § 6 Abs. 1 Verwaltungsvollstreckungsgesetz Bund [VwVG].

32. Enthalten „Auskunft und Beratung" im Sinne des § 25 (L)VwVfG einen Regelungsgehalt? Wovon sind diese unter Umständen abzugrenzen?

Nein. Hierbei handelt es sich lediglich um eine informative Mitteilung seitens der Verwaltung. Insoweit **fehlt der Wille zur Selbstverpflichtung**. Denkbar ist die Konstellation, in der die

Verwaltung einseitig rechtsverbindlich darüber entscheidet, ob überhaupt eine konkrete Auskunft erteilt werden soll. Darin ist möglicherweise ein selbständiger Verwaltungsakt zu sehen (vgl. BVerwGE 31, 301, [306 f.] zur Nennung eines Behördeninformanten).

Hinweis: Bei fehlerhafter Auskunft könnte ein Amtshaftungsanspruch gemäß § 839 BGB iVm Art. 34 GG in Betracht kommen.

Abzugrenzen ist die unverbindliche Auskunft unter Umständen von der **Zusage oder Zusicherung**. Die zuletzt genannten behördlichen Willensäußerungen sind durch eine Selbstverpflichtung gekennzeichnet.

33. Sind vorbereitende behördliche Verfahrensakte als Verwaltungsakt einzustufen?

Nein. Sie bereiten eine behördliche Entscheidung vor und enthalten **noch keine abschließende Regelung**. Zu klären ist, ob eine behördliche Maßnahme eine eigenständige Bedeutung hat. Keine Verwaltungsakte sind deshalb die *Ladung zu einer Prüfung* und die *Aufforderung*, ein für die spätere Entscheidung maßgebliches *Gutachten vorzulegen*. Auch die Bewertung einer Klausur im juristischen Staatsexamen sowie Einzelnoten auf einem Abschlusszeugnis unterfallen als unselbständige Akte nicht dem Anwendungsbereich des § 35 VwVfG (dagegen ist das festgesetzte Gesamtergebnis als Verwaltungsakt anzusehen).

Merke: Pauschale Feststellungen sollten vermieden werden. Eine einzelne Note auf einem Zeugnis kann dann einen eigenständigen Regelungsgehalt haben, wenn ihr selbst eine gewisse rechtliche Tragweite zukommt (vgl. BVerwGE 73, 376 insgesamt auf die Außenwirkung abstellend).

Zur Angreifbarkeit von Verfahrenshandlungen siehe **§ 44a VwGO**: Ein Rechtsbehelf ist danach allein gegen die Verfahrenshandlungen statthaft, die vollstreckt werden können oder gegen einen Nichtbeteiligten ergehen.

34. Was ist unter einem Vorbescheid zu verstehen?

Im Gegensatz zum bloßen unselbständigen Vorbereitungsakt besitzt der Vorbescheid eine abschließende Regelungsfunktion hinsichtlich einzelner Genehmigungsvoraussetzungen. Er stellt eine rechtsverbindliche Vorabentscheidung und demzufolge einen Verwaltungsakt dar. Anzutreffen ist der Vorbescheid u.a. im Baurecht (vgl. die entsprechenden Regelungen in den Landesbauordnungen, z.b. § 77 LBO Nordrhein-Westfalen) sowie im Immissionsschutzrecht (§ 9 BImSchG).

Der Vorbescheid ist von der **Teilgenehmigung** zu unterscheiden. Bei der Teilgenehmigung wird abschließend über die **gesamten Genehmigungsvoraussetzungen eines (abgrenzbaren) Teils eines Vorhabens** entschieden. So kann nach § 76 LBO Nordrhein-Westfalen der Beginn der Bauarbeiten für eine *Baugrube* und für *einzelne Bauteile* oder *Bauabschnitte* auf schriftlichen Antrag schon vor der Erteilung der Baugenehmigung gestattet werden.

35. Welche verfahrensrechtlichen und prozessualen Probleme sind bei der Prüfung von Zusagen und Zusicherungen zu erörtern?

Bei der Zusage und der Zusicherung handelt es sich um Willensäußerungen mit verbindlicher Prägung (vgl. BVerwGE 26, 31 [36]). Die **Zusicherung** ist in **§ 38 Abs. 1 Satz 1 (L)VwVfG** definiert als eine von der zuständigen Behörde erteilte Zusage, einen bestimmten Verwaltungsakt später zu erlassen oder zu unterlassen. Die folglich weiter zu fassende Zusage bezieht sich auf die versprochenen Handlungen oder Unterlassungen, die *nicht* als Verwaltungsakt einzustufen sind.

Umstritten ist die Verwaltungsaktqualität der Zusage. Zum Teil wird ein Verwaltungsakt angenommen (vgl. Kopp, VwVfG, § 38 Rz. 7), wofür mitunter der einseitig verpflichtende Charakter spricht. Dagegen ist anzuführen, dass hier letztlich nur eine Regelung bzw. sonstige Maßnahme oder Unterlassung in Aussicht gestellt wird. Zudem dürfte wohl auch § 38 Abs. 2

VwVfG der Annahme eines Verwaltungsakts entgegenstehen. Dieser sieht für die Zusicherung die entsprechende Anwendung bestimmter Regelungen über den Verwaltungsakt vor. Demnach strebte der Gesetzgeber allenfalls eine Annäherung, aber keine Gleichsetzung an (Umkehrschluss).

Gleichwohl lässt sich eine analoge Anwendung des § 38 VwVfG allgemein auf Zusagen diskutieren. Fraglich ist dabei (da der Gesetzgeber explizit eben nur die Zusicherung normiert hat), ob überhaupt eine ausfüllungsbedürftige Regelungslücke besteht (vgl. dazu die eingehende Auseinandersetzung bei *Maurer*, Allgemeines Verwaltungsrecht, § 9 Rz. 61).

Vertritt man die Zuordnung zu den Verwaltungsakten, müsste gegen die Zusage bzw. Zusicherung dieselbe Rechtsschutzmöglichkeit bestehen wie gegen Verwaltungsakte selbst.

36. Was sind gemischte Verwaltungsakte (Verwaltungsakte mit Doppelwirkung)? Welche Rolle spielt in diesem Zusammenhang das Klagebegehren?

Der Verwaltungsakt ist für **dieselbe Person** gleichzeitig **begünstigend und belastend**, d.h. **(1)** er begründet oder bestätigt auf der einen Seite ein Recht bzw. einen rechtlich erheblichen Vorteil (begünstigender Verwaltungsakt, *§ 48 Abs. 1 Satz 2 [L]VwVfG)*, **(2)** wirkt sich zudem aber auch nachteilig für den Betroffenen aus, indem er in Rechte eingreift oder eine begehrte Vergünstigung verweigert (belastender Verwaltungsakt).

Klausurrelevant ist die Konstellation, in der eine begehrte **Leistung lediglich teilweise zugesprochen** wird. Bezüglich des prozessualen Vorgehens ist darauf abzustellen, was der Betroffene tatsächlich begehrt und wie er dieses Ziel effektiv erreichen kann (vgl. zum Klagebegehren § 88 VwGO). Da er die gesamte Leistung beansprucht, hilft ihm eine Anfechtungsklage nicht weiter, da diese den Verwaltungsakt beseitigt. Seinem Begehren entspricht vielmehr eine Bewilligung der beantragten Leistung, was er über einen Verpflichtungswiderspruch und ggf. über eine Verpflichtungsklage erreichen kann.

Hinweis: Es gibt daneben sog. Verwaltungsakte mit Drittwirkung. Derartige Maßnahmen wirken sich nicht nur gegenüber dem Adressaten des Verwaltungsakts aus, sondern gleichsam auch gegenüber Dritten. Hervorzuheben ist der begünstigende Verwaltungsakt mit belastender Drittwirkung, der vor allem im Baurecht anzutreffen ist. Hier spielt die sog. baurechtliche Nachbarklage eine erhebliche Rolle. Der Nachbar kann Anfechtungswiderspruch und Anfechtungsklage gegen die dem Bauherrn erteilte Baugenehmigung erheben, wenn er geltend machen kann, diese verstoße gegen eine ihn als Nachbarn schützende Norm (Stichwort: Klagebefugnis, § 42 Abs. 2 VwGO).

37. Fällt eine Regelung, die sich an einen unbestimmten Adressatenkreis richtet, unter den Begriff „Verwaltungsakt"? Welche Abgrenzung ist hier vorzunehmen?

Der Verwaltungsakt ist eine Einzelfallregelung. Er richtet sich als konkrete Maßnahme an einen bestimmten Adressaten. Das Merkmal „Einzelfall" ist in § 35 Satz 1 VwVfG festgeschrieben und dient der Abgrenzung zur Rechtsnorm, die abstrakt-generell ausgestaltet ist. Die konkret-individuell geprägten Verwaltungsakte sind daher von den Rechtsnormen, die Regelungen für eine unbestimmte Zahl von Fällen und eine unbestimmte Zahl von Personen treffen, zu unterscheiden.

Klausurtipp:

Die Abgrenzung zwischen Verwaltungsakt und Rechtsnorm (Rechtsverordnung) besitzt bei der Klausurbearbeitung erhebliche Brisanz.
Die Frage der **formellen Rechtmäßigkeit** ist aufgrund unterschiedlicher Prüfungspunkte zu beurteilen. (1) Verwaltungsakt: Hierfür gelten die Vorschriften des (L)VwVfG. (2) Rechtsverordnung: Bei dieser sind die in der Ermächtigungsgrundlage enthaltenen Vorschriften über die Zuständigkeit und das Verfahren zu beachten. Zudem ist zu prüfen, ob die für die Rechtsverordnungen verfassungsrechtlich normierten formellen Voraussetzungen gegeben sind (Einhaltung des Zitiergebots [Art. 80 Abs. 1 Satz 3 GG bzw. entsprechende landesrechtliche

Regelungen wie z.B. Art. 61 Abs. 1 Satz 3 Landesverfassung Baden-Württemberg] sowie Ausfertigung und Verkündung [Art. 82 Abs. 1 Satz 2 GG, Art. 63 Abs. 2 Landesverfassung Baden-Württemberg].
Wichtig ist die Unterscheidung auch in Bezug auf den **Rechtsschutz**. **(1)** Verwaltungsakt: Als statthafte Klagearten kommen Anfechtungs- oder Verpflichtungsklage in Betracht. **(2)** Rechtsverordnung: Hier ist an die Normenkontrolle gemäß § 47 VwGO zu denken.
Ebenso kann auch eine inzidente Überprüfung im Rahmen einer Anfechtungs- oder Feststellungsklage erfolgen.

Interessant gestaltet sich die Einordnung dann, wenn zwar ein konkreter Sachverhalt Gegenstand einer Regelung ist, sich diese jedoch nur an einen **unbestimmten**, letztlich aber an einen nach allgemeinen Merkmalen **bestimmbaren Adressatenkreis** richtet. In einem solchen Fall ist § 35 Satz 2 (L)VwVfG einschlägig. Man spricht von einer adressatenbezogenen Allgemeinverfügung, welche als Verwaltungsakt qualifiziert wird.

38. Welche Arten der Allgemeinverfügung sind zu unterscheiden?

- **adressatenbezogene** Allgemeinverfügung, § 35 Satz 2 Var. 1 (L)VwVfG

    Vgl. dazu die Ausführungen bei Frage Nr. 39.

- **sachbezogene** Allgemeinverfügung, § 35 Satz 2 Var. 2 (L)VwVfG

    Die öffentlich-rechtliche Eigenschaft einer Sache ist Regelungsgegenstand. Damit gehen nicht selten mittelbare Auswirkungen auf Personen einher (Konkretisierung eines Adressatenkreises durch Beziehung zu einer bestimmten Sache). Als Beispiel ist die Widmung von Straßen und Einrichtungen als öffentlich zu nennen.

- **benutzungsregelnde** Allgemeinverfügung, § 35 Satz 2 Var. 3 (L)VwVfG

  Sie betrifft die Benutzung einer Sache durch die Allgemeinheit. *Maurer* sieht in ihr einen Unterfall der adressatenbezogenen Allgemeinverfügung (*ders.*, Allgemeines Verwaltungsrecht, § 9 Rz. 34).

  Beispiel: Regelungen über die Benutzung von öffentlichen Bibliotheken oder Museen.

Merke: Aufgrund der Tatsache, dass im Zeitpunkt des Erlasses der behördlichen Entscheidung der Kreis der Betroffenen seiner konkreten Ausgestaltung nach offen ist, ergeben sich Besonderheiten, denen durch die Aufnahme entsprechender **Ausnahmeregelungen** in das (L)VwVfG Rechnung getragen wurde.

- Verzicht auf die Anhörung der Beteiligten durch die Behörde, § 28 Abs. 2 Nr. 4 (L)VwVfG

- Möglichkeit der öffentlichen Bekanntgabe, § 41 Abs. 3 Satz 2 (L)VwVfG

- Absehen von einer Begründung der Maßnahme bei der öffentlichen Bekanntgabe, § 39 Abs. 2 Nr. 5 (L)VwVfG

39. Wie ordnet man Verkehrsschilder, die Ge- oder Verbote begründen, ein?

Ausgangspunkt der Betrachtung ist § 41 Abs. 1 StVO. Vorschriftzeichen im Sinne dieser Norm (erfasst werden sowohl Schilder als auch Markierungen) enthalten Ge- und Verbote. Sie regeln im Grunde genommen das Verkehrsverhalten einer unbestimmten Zahl von Personen in einer unbestimmten Zahl von Fällen. Damit könnten diese aufgrund eines beizumessenden abstrakt-generellen Regelungsgehalts als *Rechtsverordnungen* einzustufen sein.

Andererseits kann den Vorschriftzeichen eine Regelung dahingehend entnommen werden, in welcher Weise der so gekennzeichnete Straßenabschnitt von Personen zu benutzen ist (konkret geregelter Sachverhalt). Ebenso möglich ist demnach eine Einordnung als *Allgemeinverfügung* (im Sinne des § 35 Satz 2 Var. 3 VwVfG).

Die Rechtsprechung und ihr folgend ein überwiegender Teil der Literatur gehen nunmehr vom Vorliegen einer **Allgemeinverfügung** aus (vgl. BVerwGE 59, 221 [224 ff.], 92, 32 [34]; zunächst noch anderer Auffassung der BayVGH, siehe NJW 1978, 1988; ausführlich zur Problematik Prutsch JuS 1980, 566 [insb. 571], wonach der amtlichen Begründung zufolge Vorschriftzeichen von § 35 Satz 2 VwVfG erfasst sind).

40. Welches Problem stellt sich bei nachträglich aufgestellten Halteverbotsschildern?

Folgt man der unter Frage Nr. 39 erwähnten herrschenden Meinung (Einordnung als Allgemeinverfügung), sind gegen die Aufstellung des Halteverbotsschilds **Anfechtungswiderspruch** und **Anfechtungsklage** statthaft. Diese sind fristgebunden (§§ 70, 74, 58 VwGO). Für den Fristbeginn maßgeblich ist die Bekanntgabe des Verwaltungsakts. Ein Verwaltungsakt ist demjenigen bekanntzugeben, für den er bestimmt ist oder der von ihm betroffen wird (**§ 41 Abs. 1 Satz 1 VwVfG**). Zu berücksichtigen ist weiterhin, dass dieser dem Betroffenen gegenüber erst in dem Zeitpunkt Wirksamkeit entfaltet, in dem er ihm bekanntgegeben wird (**§ 43 Abs. 1 Satz 1 VwVfG**). Der Kraftfahrer, der seinen Pkw zunächst ordnungsgemäß auf einer Straßenfläche abgestellt hat, sieht sich der im Halteverbotsschild verkörperten Verfügung erstmalig gegenüber, wenn er dorthin zurückkehrt. Wird hierauf als Zeitpunkt der Bekanntgabe abgestellt, läuft von da an die Frist für die Einlegung des Widerspruchs. Mangels einer Rechtsbehelfsbelehrung wäre jedoch nicht auf die Monatsfrist des § 70 Abs. 1 VwGO abzustellen, sondern vielmehr auf die Jahresfrist gemäß § 58 Abs. 2 VwGO. Die Bekanntgabe könnte andererseits schon mit der Aufstellung des Schilds erfolgt sein.

Immerhin soll das Verkehrszeichen nach dem Willen des zuständigen Verwaltungsträgers bereits von Anfang an die Benutzung des Straßenverkehrs für alle Verkehrsteilnehmer dieses Bereichs regeln. Das BVerwG nimmt als Bekanntgabezeitpunkt die Aufstellung des Vorschriftzeichens an (vgl. BVerwG NJW 1997, 1021 [1022]). Demzufolge ist sie maßgeblicher Anknüpfungspunkt für den Fristbeginn. Dies gilt auch für den ortsabwesenden Parker eines Fahrzeugs; es ist letztendlich unerheblich, ob der von der Regelung Betroffene das Verkehrsschild wahrnimmt oder nicht.

Merke: Als ausreichend wird nach der Rechtsprechung erachtet, dass das Verkehrszeichen derart aufgestellt ist, dass ein durchschnittlicher Kraftfahrer bei Beobachtung der im Straßenverkehr erforderlichen Sorgfalt in der Lage ist, dieses „**mit einem raschen und beiläufigen Blick**" zu erfassen. Der Halter eines geparkten Pkw fällt auch unter den Verkehrsteilnehmerbegriff des Straßenverkehrsrechts (vgl. ausführlich dazu BVerwG NJW 1997, 1021 f).

Es ist von einer öffentlichen Bekanntgabe auszugehen, die sich wohl nach den Regelungen der StVO beurteilt (siehe im Einzelnen hierzu OVG Münster NZV 1996, 293 f.).

41. Können Maßnahmen innerhalb eines Verwaltungsträgers das Merkmal „unmittelbare Rechtswirkung nach außen" erfüllen und damit Verwaltungsakt sein?

Dieser Bereich ist sehr komplex und verbietet pauschale Beantwortungen. Zunächst ist in diesem Zusammenhang auf die Erörterungen bei der Frage Nr. 16 hinzuweisen. Intrapersonale Maßnahmen entfalten lediglich innerhalb eines Verwaltungsträgers Rechtswirkungen und tangieren den Betroffenen allein in seiner Eigenschaft als Verwaltungsglied. Eine Außenwirkung kommt aber in Frage, wenn Anzeichen dafür bestehen, dass die Maßnahme in den Rechtskreis als natürliche bzw. juristische Person erweiternd oder verringernd einwirkt (vgl. BVerwGE 60, 144 [145]). Dies wird bei einer besonderen Grundrechtsrelevanz im Einzelfall zu bejahen sein.

42. Was sind Nebenbestimmungen zum Verwaltungsakt? Wo sind sie geregelt?

Nebenbestimmungen beeinflussen eine behördliche Hauptentscheidung, indem sie diese als zusätzlich hinzutretende Regelungen **ergänzen** oder **beschränken**. Sie sind in § 36 Abs. 2 (L)VwVfG genannt:

- Befristung
- Bedingung
- Widerrufsvorbehalt
- Auflage
- Auflagenvorbehalt

Hierbei handelt es sich um Nebenbestimmungen im Rechtssinne. Zu unterscheiden sind diese von sonstigen Zusätzen. Die Differenzierung ist mit Blick auf das prozessuale Vorgehen relevant (siehe die eingehende Auseinandersetzung mit den vielfältigen Problembereichen bei der Frage Nr. 43).

Beim Rückgriff auf Nebenbestimmungen hat die Behörde die **Weichenstellung des § 36 (L)VwVfG** zu beachten. Nach **Abs. 1** dieser Norm darf die Behörde bei einem gebundenen Verwaltungsakt diesen allenfalls dann mit einer Nebenbestimmung versehen, wenn sie durch Rechtsvorschrift zugelassen ist oder die Erfüllung der gesetzlichen Voraussetzungen der Hauptentscheidung sicherstellen soll (gebundener Verwaltungsakt). **Abs. 2** hingegen regelt die Zulässigkeit von Nebenbestimmungen zu sog. Ermessensverwaltungsakten.

Eine gebundene Entscheidung ist z.B. die Baugenehmigung. Diese **ist** zu erteilen, wenn dem genehmigungspflichtigen Vorhaben keine von der Baurechtsbehörde zu prüfenden öffentlich-rechtlichen Vorschriften entgegenstehen (so z.B. § 58 Abs. 1 Satz 1 Landesbauordnung [LBO] Baden-Württemberg). Sie kann jedoch unter dem Gesichtspunkt der Sicherung der gesetzlichen Voraussetzungen für den Erlass der Genehmigung mit bauordnungsrelevanten Auflagen versehen werden (z.B. Feuerschutz).

43. Welche Prüfungspunkte besitzen im Kontext „Nebenbestimmung" Klausurrelevanz?

Durch einen mit einer Nebenbestimmung versehenen Verwaltungsakt können für den Betroffenen zugleich begünstigende und belastende Wirkungen verbunden sein. Er wird folglich vor der Entscheidung stehen, ob er gegen die gesamte Regelung vorgehen oder nur einen Teil davon angreifen soll. Aufgrund der Vielgestaltigkeit kann dies mitunter nur sehr schwer beantwortet werden.

Eine isolierte Angreifbarkeit **scheidet bereits aus**, wenn **gar keine Nebenbestimmung** im rechtstechnischen Sinne vorliegt. Die Verwendung einer Begrifflichkeit aus § 36 Abs. 2 L(VwVfG) durch die handelnde Behörde ist hier unerheblich. Abzustellen ist darauf, ob tatsächlich die Entscheidung unter den Begriff „Nebenbestimmung" zu subsumieren ist. Mitunter stellt eine von der Behörde genannte „Auflage" einen selbständigen Verwaltungsakt dar (vgl. insb. die vom Gesetzgeber benutzte Terminologie „Auflage" in § 15 Abs. 1 VersG). Gegen eine solche „Auflage" kann der Betroffene im Wege der Anfechtungsklage vorgehen. In der Regel kommt bei den unechten Nebenbestimmungen die **Verpflichtungsklage** in Betracht und zwar gerichtet auf den Erlass eines uneingeschränkten Verwaltungsakts. Zurückzuführen ist dies auf das Fehlen einer eigenständigen und demzufolge objektiv abtrennbaren Regelung.

Merke: An dieser Stelle tritt ein wichtiges Kriterium in Erscheinung. Die objektive Trennbarkeit könnte unter Umständen ein wichtiger Indikator bei der Beantwortung der Frage sein, ob ein isoliertes Vorgehen gegen die Nebenbestimmung möglich ist.

Ist eine echte Nebenbestimmung anzunehmen, sollte sich der Klausurbearbeiter auf die nachstehend genannten Aspekte konzentrieren:

(1) Handelt es sich um eine Nebenbestimmung zu einer **gebundenen Entscheidung** oder zu einer **Ermessensentscheidung**?

- So ließe sich vertreten, dass durch eine isolierte Anfechtung bei Ermessensverwaltungsakten der behördliche Spielraum erheblich eingeengt wird und die den Erlass vorbereitenden Überlegungen zur Ermessensausübung unter Berücksichtigung der eventuellen Hinzufügung von Nebenbestimmungen obsolet werden.

(2) Liegt der jeweiligen Nebenbestimmung ein **eigenständiger Regelungsgehalt** zugrunde oder ist sie vielmehr als untrennbarer Teil des Verwaltungsakts ihrem Inhalt nach **unselbständig**?

- Hier müsste unterschieden werden, ob eine Nebenbestimmung unmittelbaren Einfluss auf die Wirkung des Verwaltungsakts hat. Bedingung und Befristung treffen Aussagen über den Beginn oder den Wegfall einer Begünstigung und Belastung. Sie sind folglich integrierter Bestandteil der Hauptentscheidung. Daran könnte eine isolierte Angreifbarkeit scheitern. Die Auflage enthält im Gegensatz dazu eine zusätzliche Verpflichtung.

(3) Wird durch das isolierte Angreifen die behördliche Hauptentscheidung ihrem **Sinn** nach **verändert** und erhält sie letztlich einen **neuen Regelungscharakter**?

- Entscheidend ist in dieser Hinsicht, ob der Verwaltungsakt ohne die Nebenbestimmung in sinnvoller und rechtmäßiger Weise bestehen bleiben kann (so BVerwGE NVwZ 1984, 366 [376] zur isolierten Anfechtung einer Auflage bei einem gebundenen Verwaltungsakt).

Herauskristallisiert haben sich **zwei Grundlinien** zur Behandlung der Angreifbarkeit von Nebenbestimmungen: Ausgehend von der objektiven Teilbarkeit des Verwaltungsakts ist zunächst zwischen der gebundenen Entscheidung und der Ermessensentscheidung abzugrenzen. Bei der gebundenen Entscheidung wird eine isolierte Anfechtung durchaus bejaht. Bei der **Ermessensentscheidung** aber divergieren die Auffassungen in stärkerem Maße: Die Rechtsprechung des **BVerwG** spricht sich für eine Anfechtbarkeit aus, es sei denn, es entstünde eine Entscheidung ganz anderen Inhalts (vgl. BVerwGE 65, 139 [141 f.]). Ein **Teil der Literatur** hingegen sieht darin eine aus verfassungsrechtlicher Sicht bedenkliche Aufdrängung eines nicht gewollten Verwaltungsakts durch die Gerichtsbarkeit (vgl. *Maurer*, Allgemeines Verwaltungsrecht, § 12 Rz. 28).

Klausurtipp:

Vor dem Hintergrund der materiellen Teilbarkeit eines mit einer Nebenbestimmung versehenen Verwaltungsakts ist insbesondere die Abgrenzung zwischen einer **Auflage** und einer sog. **modifizierenden Auflage** klausurrelevant.

Während die Auflage eine zusätzliche Leistungspflicht begründet, verändert die modifizierende Auflage den Verwaltungsakt seinem Inhalt nach, „modifiziert" ihn also. Damit wird er integraler Bestandteil der Hauptsacheentscheidung selbst. Das BVerwG hat in dem von ihm zu entscheidenden Fall über die Genehmigung eines Transportbetonwerks, welche mit der Nebenbestimmung versehen wurde, einen gewissen Lärmpegel nicht zu überschreiten, ausgeführt, dass diese „eine qualitative Änderung der Gewährung in Bezug auf den Antragsgegenstand" bewirke (BVerwG DÖV 1974, 380). Eine isolierte Anfechtung ist hier nicht zulässig. Für die Fallbearbeitung ist zu beachten: Sofern der Antragsteller etwas inhaltlich anderes erhält, als er ursprünglich beantragt hat (z.B. Baugenehmigung für ein Flachdach statt für ein Satteldach), ist wohl bereits das Vorliegen einer Nebenbestimmung im Rechtssinne fraglich. Denkbar ist, schon aus diesem Grund eine eigenständige Angreifbarkeit abzulehnen und den Betroffenen auf eine Verpflichtungsklage zu verweisen.

---

44. Ist ein rechtswidriger Verwaltungsakt nichtig?

Ein rechtswidriger Verwaltungsakt ist grundsätzlich wirksam. Dies ergibt sich aus einer Gesamtschau. Nach § 43 Abs. 3 (L)VwVfG entfaltet ein nichtiger Verwaltungsakt keine Rechtswirkungen. Eine Nichtigkeit ist aber nur unter den Voraussetzungen des § 44 (L)VwVfG anzunehmen.

47

Neben den enumerativ in dessen Abs. 2 aufgelisteten Konstellationen ist das dann der Fall, wenn der Verwaltungsakt an einem schwerwiegenden Fehler leidet und dies gleichsam offenkundig ist (vgl. § 44 Abs. 1 [L]VwVfG). Ferner ist im Verfahrensrecht bestimmt, dass gewisse formelle Fehler entweder heilbar (§ 45 [L]VwVfG) oder unbeachtlich sind (§ 46 [L]VwVfG). Der Verwaltungsakt ist zudem im Wege eines Anfechtungswiderspruchs bzw. einer Anfechtungsklage angreifbar.

45. Welche Folge hat die Einlegung eines Widerspruchs bzw. die Erhebung einer Anfechtungsklage?

Grundsätzlich bewirken diese Rechtsbehelfe, dass der Verwaltungsakt zunächst nicht vollzogen werden darf (vgl. § 80 Abs. 1 VwGO).

46. Welche Punkte sind hinsichtlich der formellen Rechtmäßigkeit eines Verwaltungsakts zu prüfen?

Prüfungsgegenstand der formellen Rechtmäßigkeit eines Verwaltungsakts sind folgende Punkte: Die Einhaltung der **(1)** Zuständigkeits-, **(2)** Verfahrens- und **(3)** Formvorschriften.

47. Führt ein Verstoß gegen die Vorschriften über die örtliche Zuständigkeit zur Nichtigkeit?

Grundsätzlich nicht. Lediglich ein Verstoß gegen die durch § 3 Abs. 1 Nr. 1 (L)VwVfG begründete örtliche Zuständigkeit führt zur Nichtigkeit. Eine Heilung oder Unbeachtlichkeit kommen (§§ 45, 46 [L]VwVfG) insoweit nicht in Betracht.

48. Wie ist ein Verstoß gegen die in § 28 Abs. 1 (L)VwVfG normierte Pflicht zur Anhörung Beteiligter aus formeller Sicht zu bewerten?

Bevor ein belastender Verwaltungsakt erlassen wird, ist dem hiervon Betroffenen Gelegenheit zu geben, sich zu den entscheidungserheblichen Tatsachen zu äußern (§ 28 Abs. 1 [L]VwVfG). Der Grundsatz der Anhörung des Betroffenen ist eine konkrete Ausprägung des Rechtsstaatsprinzips und soll verhindern, dass der Bürger zum bloßen Objekt staatlichen Handelns gemacht wird. Der Anhörung kommt außerdem eine wesentliche Funktion bei der Entscheidungsfindung im Verwaltungsverfahren zu. Durch die Anhörung der Beteiligten ist es der Behörde möglich, dem in § 24 [L]VwVfG verankerten Untersuchungsgrundsatz in besonderer Weise nachzukommen.

Deutlich wird hier, dass die Anhörung über den Punkt der formellen Rechtmäßigkeit hinaus auf den materiell-rechtlichen Bereich ausstrahlt (z.b. bei der Ausübung von Ermessen, welche die Kenntnis aller dafür entscheidungserheblichen Umstände voraussetzt). Zu beachten ist, dass eine Anhörung nach Maßgabe des **§ 28 Abs. 2, Abs. 3 [L]VwVfG** unterbleiben kann bzw. zu unterbleiben hat. Bezüglich der in § 28 Abs. 2 [L]VwVfG geregelten Ausnahmetatbestände hat die Behörde nach pflichtgemäßem Ermessen zu entscheiden, ob von der Anhörung im Einzelfall abgesehen werden kann. In der Klausurbearbeitung sind häufig Nr. 1 (sofortige Entscheidung wegen Gefahr im Verzug) und Nr. 4 (Allgemeinverfügung, vgl. die Problematik „Aufstellen von Verkehrszeichen" bei den Fragen Nr. 39 und 40) anzutreffen.

Merke: Sofern feststeht, dass eine Anhörung des Betroffenen unterblieben ist, sind zuerst die Ausnahmetatbestände des § 28 Abs. 2 und Abs. 3 [L]VwVfG zu prüfen. Liegt ein dort normierter Fall nicht vor, ist von einem Verstoß gegen den Grundsatz der Anhörung und demzufolge von einem formellen Fehler auszugehen. Die unterbliebene Anhörung könnte jedoch nach **§ 45 Abs. 1 Nr. 3 [L]VwVfG** durch Nachholung geheilt werden, so dass dieser Fehler im Ergebnis unbeachtlich ist. Eine solche Nachholung ist bis zum Abschluss der letzten Tatsacheninstanz eines verwaltungsgerichtlichen Verfahrens möglich (§ 45 Abs. 2 [L]VwVfG). Berücksichtigt werden muss, dass wegen des Gewaltenteilungsprinzips eine Heilung nur eintritt, wenn **die Behörde** die erforderliche Anhörung während des Gerichtsverfahrens nachholt. Grundvoraussetzung ist, dass diese die volle Entscheidungskompetenz hinsichtlich der streitgegenständlichen Frage besitzt.

Interessant ist folgende Konstellation: Die Widerspruchsbehörde ist in Selbstverwaltungsangelegenheiten allein auf die Gesetzmäßigkeitskontrolle (Rechtsaufsicht) beschränkt, ihr bleibt demnach eine Überprüfung der Zweckmäßigkeit (Fachaufsicht) verwehrt. Dieser Trennung dürfte man bei Ermessensverwaltungsakten gerecht werden, wenn ausschließlich auf die Nachholungshandlung der Ausgangsbehörde abgestellt wird.

Ob eine Heilung nach § 45 Abs. 1 Nr. 3 [L]VwVfG bereits mit der Durchführung des Widerspruchsverfahrens eintritt, lässt sich nicht so einfach beantworten. Dafür kann angeführt werden, dass die dem Verwaltungsakt zugrunde liegenden Tatsachen durch dessen Begründung (vgl. § 39 [L]VwVfG) dem Widerspruchsführer mitgeteilt wurden und dieser hierauf durch Einlegung des Rechtsbehelfs ausreichend Möglichkeit zur Äußerung hat. Dies ist nicht zwingend, da nicht außer Acht gelassen werden darf, dass für die Einlegung eines Widerspruchs eine Begründung nicht erforderlich ist. Es wird letztlich darauf abzustellen sein, inwieweit eine Berücksichtigung entsprechender Äußerungen im Widerspruchsverfahren ihrem Gehalt nach der Zielsetzung einer Anhörung gleichkommt.

49. Welche Abgrenzung ist mitunter bei der Heilungsmöglichkeit des § 45 Abs. 1 Nr. 2 (L)VwVfG vorzunehmen?

§ 45 Abs. 1 Nr. 2 [L]VwVfG bezieht sich auf die Begründungspflicht bei bestimmten Verwaltungsakten. Durch § 39 [L]VwVfG wird der Grundsatz der Formfreiheit hinsichtlich des Erlasses von Verwaltungsakten (vgl. § 37 Abs. 2 [L]VwVfG) dahingehend eingeschränkt, dass ein schriftlicher oder schriftlich bestätigter Verwaltungsakt auch schriftlich zu begründen ist. Auf die materielle Richtigkeit kommt es nicht an.

Zum Verständnis:
§ 39 Abs. 1 Satz 2 [L]VwVfG bringt durch die Formulierung *„zu ihrer Entscheidung bewogen haben"* gerade zum Ausdruck, dass es lediglich um die Anführung irgendwelcher Tatsachen geht, welche die Behörde für erheblich hielt.

Damit kann die Heilungsmöglichkeit des § 45 Abs. 1 Nr. 2 [L]VwVfG allenfalls die Nachholung der Begründung im formellen Sinne des § 39 [L]VwVfG erfassen. Davon ist das **Nachschieben weiterer Gründe** im Prozess zu **unterscheiden**. Unter dem Gesichtspunkt, dass das Gericht die angegriffene Entscheidung in rechtlicher und tatsächlicher Hinsicht zu prüfen hat, ist ein Nachschieben als **grundsätzlich zulässig** anzusehen. Immerhin bleibt es der Behörde unbenommen, eine erneute Entscheidung nach Maßgabe der nunmehr in Betracht zu ziehenden Gründe zu treffen. Da diese wiederum zum Gegenstand einer weiteren Klage gemacht werden könnte, spricht schon der Gedanke der Prozessökonomie für eine Zulässigkeit.

Mit **Schwierigkeiten** dürfte jedoch eine solche Vorgehensweise verbunden sein, wenn der Behörde ein **Ermessen** eingeräumt ist. So kann argumentiert werden, dass der Rechtsschutz des Betroffenen verkürzt werde, weil er die Zweckmäßigkeit nicht mehr im Rahmen eines der Anfechtungsklage vorausgehenden Widerspruchsverfahrens verwaltungsintern kontrollieren lassen kann. Diese umstrittene Sichtweise ist hinsichtlich der **Ergänzung (!)** von Ermessenserwägungen durch § 114 Satz 2 VwGO wohl obsolet geworden. Entscheidend ist schließlich, ob die Ermessensentscheidung durch das Nachschieben eine Wesensänderung erfährt.

50. Welche Prüfungsschritte sind bei der materiellen Rechtmäßigkeit eines Verwaltungsakts zu berücksichtigen?

Vorangestellt sei, dass hier die im Kapitel II. (verfassungsrechtliche Grundlagen) erläuterten Prinzipien ihren Niederschlag finden. Bei der Eingriffsverwaltung ist zuerst die Rechtsgrundlage zu bestimmen. Das Vorhandensein einer gesetzlichen Grundlage resultiert aus dem Rechtsstaatsprinzip. Oftmals wird die Bestimmung der einschlägigen Normen mit Abgrenzungsproblemen einhergehen. Hierbei sollte der Sachverhalt auf den betroffenen Personenkreis und das betroffene Sachgebiet hin untersucht werden.

Rechtsgrundlagen sind in diesen Normengefügen zu finden:
- förmliche Gesetze
- Rechtsverordnungen
- Satzungen

Zu prüfen ist, ob vorliegend eine spezielle Rechtsgrundlage greift. Sollte eine solche nicht in Betracht kommen, kann auf allgemeine Rechtsinstitute zurückgegriffen werden. In diesem Prüfungsschritt wird der Klausurbearbeiter juristisches Gespür unter Beweis stellen können. Liegen die tatbestandlichen Voraussetzungen einer auf den Sachverhalt dem Grunde nach anwendbaren spezialgesetzlichen Rechtsgrundlage letztlich nicht vor, dann darf in aller Regel nicht auf das allgemeine Institut abgestellt werden. Die spezialgesetzliche Regelung ist eben gerade auf typische Sachverhalte in einem besonderen Bereich zugeschnitten und stellt insoweit meist eine abschließende Regelung dar. Ergeben sich jedoch Anhaltspunkte dafür, dass diese Norm den zu erörternden Komplex nicht umfassend regelt, ist ausnahmsweise das allgemeine Institut heranzuziehen.

Nachdem die einschlägige Rechtsgrundlage bestimmt wurde, ist mitunter ihre Rechtmäßigkeit, also ihr Einklang mit höherrangigem Recht zu prüfen. Zu nennen sind zwei Verbindungslinien:

- Vereinbarkeit mit dem Europarecht
- Vereinbarkeit mit dem Verfassungsrecht der Bundesrepublik Deutschland

Hinsichtlich der Vereinbarkeit mit deutschem Verfassungsrecht werden relevant:

- Einhaltung der Bestimmtheitserfordernisse, Art. 80 Abs. 1 GG

- „Wesentlichkeitstheorie" (siehe Frage 14)

- Vereinbarkeit mit Grundrechten

- Verhältnismäßigkeit (Schema auf S. 93)

Beachte: Die Vereinbarkeit mit höherrangigem Recht wird in einer Vielzahl von Klausuren keine oder lediglich eine untergeordnete Rolle spielen. Anzutreffen ist dieses Problemfeld bei Satzungen bzw. Rechtsverordnungen, auf die als Ermächtigungsgrundlagen für staatliche Eingriffe zurückgegriffen wird. Hier wird sich nicht selten eine inzidente Überprüfung der Rechtmäßigkeit aufdrängen. In diesem Zusammenhang sollte man sich Folgendes einprägen: Eine Rechtmäßigkeit darf zwar niemals einfach so unterstellt werden, eine ausführliche Auseinandersetzung damit ist aber nur dann erforderlich, wenn konkrete Ansätze in dieser Hinsicht bestehen, folglich im Sachverhalt angelegt sind.

Im Anschluss an die Bestimmung der Rechtsgrundlage und ggf. nach Prüfung ihrer Vereinbarkeit mit Europa- und Verfassungsrecht findet die Kernarbeit statt. In diesem Schritt der Prüfung wendet sich der Bearbeiter tiefgründig der Frage zu, ob der Verwaltungsakt mit der Rechtsgrundlage übereinstimmt.

Als Einstieg sollte man sich dem konkreten Wortlaut der Norm widmen. Er gibt einen ersten Überblick darüber, ob es ich um eine gebundene Entscheidung handelt oder der Verwaltung ein Ermessensspielraum eingeräumt werden soll:

(1) gebundenes Recht
(2) Ermessenseinräumung

51. Welche Probleme stellen sich auf der Tatbestandsseite einer Norm? Wie ist damit umzugehen?

Auf der Tatbestandsseite werden mitunter hohe Anforderungen an die Subsumtionsarbeit gestellt. In einer Vielzahl von Fällen wird man mit **unbestimmten Rechtsbegriffen** konfrontiert, die im Wege der Auslegung zu erfassen sind. Dies dürfte bei Normen mit generalklauselartigem Wortlaut mit erheblichen - jedoch handhabbaren - Schwierigkeiten verbunden sein.

Als Beispiele für unbestimmte Rechtsbegriffe sind Tatbestandsvoraussetzungen wie *Zuverlässigkeit, Eignung, Härtefall* oder *wichtiger Grund* zu nennen.

Die unbestimmten Rechtsbegriffe sind gerichtlich voll überprüfbar.

Zu unterscheiden sind die vorstehend genannten unbestimmten Rechtsbegriffe von den sog. **Beurteilungsspielräumen**. Bei diesen stellt sich die Frage, ob die Verwaltung nicht eine freie Entscheidungskompetenz insoweit besitzt, wie sie über spezifisches Fachwissen verfügt. Beurteilungsspielräume werden eröffnet, wenn komplexe Wertungen anzustellen sind. Eine gerichtliche Überprüfung könnte bei diesen verneint werden, da die Wertungen seitens der mit Spezialkenntnissen ausgestatteten Verwaltung durch den von der Materie weitaus entfernteren Richter wohl schwer nachzuvollziehen sind. Diese Argumentation greift indes zu kurz. Sie berücksichtigt nur unzureichend, dass es sich auch hier um konkrete Rechtsanwendung handelt (Stichwort: Rechtsschutzgarantie).

Merke: Um einerseits der spezifisch geprägten Sachkompetenz der Verwaltung gerecht zu werden und dieser einen möglichst weitreichenden Wertungsspielraum zu eröffnen, andererseits aber nicht der verfassungsrechtlich verankerten Rechtsschutzgarantie die Effektivität zu nehmen, ist ein Ausgleich erforderlich. Die Überprüfung durch das Gericht wird auf bestimmte Aspekte beschränkt:

(1) Liegt der Entscheidung ein richtiger und umfassend ermittelter Sachverhalt zugrunde?

(2) Ließ sich die Verwaltung von sachgerechten Erwägungen leiten?

(3) Treten die Beurteilungsmaßstäbe in erkennbarer Weise zu Tage?

Typische Fälle sind Prüfungs- und prüfungsähnliche Entscheidungen, beamtenrechtliche Beurteilungen sowie Entscheidungen weisungsfreier Gremien.

Vgl. hierzu insbesondere die ausführliche Darstellung bei *Stern*, Verwaltungsprozessuale Probleme in der öffentlich-rechtlichen Arbeit, Rz. 553 ff.

52. Was ist ein Ermessensverwaltungsakt?

Im Gegensatz zu dem bei Frage 51 dargelegten Spielraum auf der Tatbestandsseite wird der Verwaltung hier ein Handlungsspielraum hinsichtlich der **Rechtsfolgen** eingeräumt. Die Zweckmäßigkeit einer zu treffenden Entscheidung im Einzelfall steht dabei im Vordergrund.

Merke: „Die Behörde kann, muss aber nicht so entscheiden."

53. Welche Ermessensformen gibt es?

Es gibt zum einen das **Entschließungsermessen**, zum anderen das **Auswahlermessen**, vgl. auch die Übersicht auf S. 94.

- Beim Entschließungsermessen entscheidet die Verwaltung, **ob** sie überhaupt tätig wird.
- Das Auswahlermessen betrifft vor allem die Wahl des richtigen **Mittels** und des richtigen **Verantwortlichen**.

Beispiel: Auswahlermessen bezüglich des Adressaten im Polizei- und Ordnungsrecht: Der *Verhaltensstörer* oder der *Zustandsstörer oder nicht verantwortliche Personen* können je nach Situation in Anspruch genommen werden.

54. Woran erkennt man, dass der Verwaltung ein Ermessen eingeräumt ist?

Die Begriffe „**kann**", „**darf**", „**ist befugt**" und „**soll**" weisen auf die Möglichkeit von Handlungsalternativen hin. Die Entscheidungsfreiheit ist aber nicht in jedem Fall gleich gewährleistet. So eröffnet die Formulierung „soll" lediglich einen eingeschränkten Spielraum auf der Rechtsfolgenseite.

(1) gebundene Verwaltung („muss", „ist"):
- kein Ermessen

(2) gebundenes Ermessen („soll"):
- grundsätzlich ist das Verwaltungshandeln auf die genannte Rechtsfolge auszurichten, in atypischen Konstellationen dagegen kann davon abgewichen werden.

(3) Ermessensverwaltung („kann", „darf"):
- pflichtgemäße Ermessensausübung, zur Orientierung dient § 40 [L]VwVfG

55. Welche Fallgruppen von Ermessensfehlern gibt es?

- Ermessensausfall/-nichtgebrauch
- Ermessensüberschreitung
- Ermessensfehlgebrauch

Diese Gruppen beziehen sich auf die Frage nach dem Zustandekommen der zu überprüfenden Ermessensentscheidung. Darauf ist die richterliche Kontrolle begrenzt. Die Begrenzung ergibt sich aus § 114 Satz 1 VwGO.

Demnach ist eine Rechtswidrigkeit anzunehmen, wenn die gesetzlichen Grenzen des eingeräumten Ermessens überschritten sind oder von diesem in einer dem Zweck der Ermächtigung nicht entsprechenden Weise Gebrauch gemacht worden ist.

- Ein **Ermessensausfall/-nichtgebrauch** liegt vor, wenn die Behörde keine Ermessenserwägungen anstellt, weil sie sich in ihrer Entscheidungsgewalt für rechtlich gebunden hält (Verkennen der Ermessenseinräumung).
- Bei der **Ermessensüberschreitung** (vgl. § 114 Satz 1 Var. 1 VwGO) verlässt die Behörde den durch die Ermessensvorschrift eingeräumten Handlungsspielraum, indem sie eine außerhalb dessen liegende Rechtsfolge wählt (Überschreiten des Kompetenzbereichs).
Stichwort: Verhältnismäßigkeitsgrundsatz (Geeignetheit, Erforderlichkeit und Angemessenheit [Abwägung der Interessen], vgl. das Schema auf S. 93)
- Von einem **Ermessensfehlgebrauch** (vgl. § 114 Satz 1 Var. 2 VwGO) wird gesprochen, wenn die Behörde ihrer Entscheidung solche Erwägungen zugrunde legt, die vom Zweck der Norm nicht (mehr) gedeckt sind (relevante Gesichtspunkte werden nicht oder lediglich unzureichend berücksichtigt, sachfremde Erwägungen werden angestellt). Zu den Ermessenfehlern s. S. 94.

56. Wann kommt eine Ermessensreduzierung auf Null in Betracht?

Eine Ermessensreduzierung auf Null ist dann anzunehmen, wenn allein eine Entscheidung als ermessensfehlerfrei angesehen werden kann (Konzentration auf eine bestimmte Handlungsalternative/-variante).

Beispiel: Die Ermessensfreiheit der Polizei im Bereich der Gefahrenabwehr kann sich unter Umständen (bei Gefahr für Leib oder Leben) auf eine *Pflicht zum Einschreiten* reduzieren.

In diesen Bereich fällt zudem die Problematik der sog. **Selbstbindung der Verwaltung** (durch Bindung an ermessenslenkende Verwaltungsvorschriften oder Ausübung einer ständigen Verwaltungspraxis), vgl. auch die Übersicht auf Seite 94.

57. Wo ist allgemein die Aufhebung von Verwaltungsakten geregelt?

Die Aufhebung eines Verwaltungsakts ist in den **§§ 48 ff. VwVfG** (bzw. LVwVfG) sowie in zahlreichen **Spezialgesetzen** geregelt. Zu beachten ist, dass auf die Vorschriften des VwVfG nur zurückgegriffen werden kann, wenn nicht spezialgesetzliche Vorschriften eine abschließende Regelung treffen. An dieser Stelle wird auf die Ausführungen zur „Subsidiaritätsklausel" (§ 1 Abs. 1 VwVfG) hingewiesen, vgl. Frage Nr. 12.

Beispiele für Spezialvorschriften: § 15 Abs. 1 Gaststättengesetz (GastG) und § 21 Bundesimmissionsschutzgesetz (BImSchG).

Beachte: Geprüft werden muss, ob die Spezialvorschrift gegenüber den §§ 48 ff. VwVfG eine vollständige Verdrängungswirkung entfaltet. Denkbar ist, dass die Sondernorm nur einen Ausschnitt möglicher Lebenssachverhalte betrifft. Sind darüber hinaus weitere nicht ausdrücklich geregelte Rücknahmegründe vorstellbar, ist eine Heranziehung des VwVfG zu diskutieren.

Klausurtipp:

Steht eine Beseitigung eines Verwaltungsakts nach §§ 48 ff. VwVfG im Raum, so sind nachstehend genannte Vorüberlegungen anzustellen:

(1) Soll ein **rechtswidriger** oder ein **rechtmäßiger** Verwaltungsakt beseitigt werden?

(2) Liegt ein **begünstigender** oder ein **belastender** Verwaltungsakt vor?

Diese Differenzierungen sind wichtig, da die konkrete Zuordnung jeweils bestimmte Voraussetzungen für die Aufhebung einer Entscheidung mit sich bringt.

§ 48 VwVfG hat die Aufhebung eines **rechtswidrigen** Verwaltungsakts zum Regelungsgegenstand (Rücknahme). **§ 49 VwVfG** bezieht sich auf die Aufhebung eines **rechtmäßigen** Verwaltungsakts (Widerruf).

§ 49 VwVfG (Widerruf) setzt jedoch keine rechtmäßige Entscheidung voraus. Vielmehr können auch rechtswidrige Verwaltungsakte nach dieser Vorschrift aufgehoben werden. Diese Schlussfolgerung ist vor folgendem Hintergrund zu ziehen:

Wenn schon rechtmäßige Verwaltungsakte einer Aufhebung unter den Voraussetzungen des § 49 VwVfG zugänglich sind, dann gilt dies erst recht für rechtswidrige Verwaltungsentscheidungen.

Problematisch sind weniger die Fälle, in denen über eine Aufhebung belastender Verwaltungsakte zu entscheiden ist (vgl. §§ 48 Abs. 1 Satz 1, 49 Abs. 1 VwVfG). Klausurrelevanz besitzen vielmehr die Sachverhalte, bei denen eine Rücknahme begünstigender rechtswidriger Verwaltungsakte zu prüfen ist (vgl. § 48 Abs. 1 Satz 2, Abs. 2 bis 4 VwVfG).

- **Rücknahme eines begünstigenden rechtswidrigen Verwaltungsakts:**

    (1) Geld- und teilbare Sachleistungen,
    § 48 Abs. 2 VwVfG

    (2) Sonstige begünstigende Verwaltungsakte,
    § 48 Abs. 3 VwVfG

Die Einordnung unter (1) oder (2) ist wegen der unterschiedlichen Tatbestandsvoraussetzungen von entscheidender Bedeutung. Bei **(1)** kommt der Prüfung des **Vertrauensschutzes** eine Schlüsselrolle zu. Auf die Rücknahme nach § 48 Abs. 2 VwVfG soll hier näher eingegangen werden:

Die Rücknahme eines Verwaltungsakts, der eine einmalige oder laufende Geldleistung oder eine teilbare Sachleistung zum Regelungsinhalt hat, scheidet grundsätzlich aus, wenn

- der Betroffene auf den Bestand des Verwaltungsakts vertraut hat **(Vertrauen)**

    und

- sein Vertrauen unter Abwägung mit dem öffentlichen Interesse an einer Rücknahme schutzwürdig ist **(Schutzwürdigkeit)**, vgl. § 48 Abs. 2 Satz 1 VwVfG.

Das Vertrauen ist anhand der Angaben im Sachverhalt zu bestimmen. Von einem Vertrauenstatbestand ist auszugehen, sofern der Begünstigte mit dem dauerhaften Bestand fest gerechnet hat.

Wird ein Vertrauen bejaht, ist weiter zu klären, ob es unter Abwägung mit dem öffentlichen Interesse an einer Aufhebung gleichsam schutzwürdig ist.

Zur Schutzwürdigkeit: § 48 Abs. 2 sieht sowohl Ausschlusstatbestände als auch Regelfälle vor.

- **Ausschlusstatbestände nach § 48 Abs. 2 Satz 3 VwVfG**

Zunächst zu prüfen, da sich bei Vorliegen eines Ausschlusstatbestandes eine Abwägung erübrigt.

Problemkreise:

- **Nr. 2** (Erwirken durch Angaben, die in wesentlicher Beziehung unrichtig oder unvollständig waren)

Ausreichend ist, dass die Angaben objektiv obige Mängel aufweisen. Auf ein Verschulden kommt es nicht an (dieses ist im Rahmen des Ermessens zu berücksichtigen).

- **Nr. 3** (Kenntnis oder grob fahrlässige Unkenntnis der Rechtswidrigkeit)

Vgl. hierzu die Ausführungen zur Frage 58 (Rücknahme europarechtswidriger Beihilfen).

- **Regelfälle nach § 48 Abs. 2 Satz 2 VwVfG**

In der Regel ist eine Schutzwürdigkeit gegeben, wenn der Leistungsempfänger schon Vermögensdispositionen getroffen hat. Der Begriff der Vermögensdispositionen ist dabei nicht allzu eng zu fassen (Eingehen von Verpflichtungen).

Auch in diesem Fall ist eine Abwägung zwischen dem schutzwürdigen Vertrauen und dem öffentlichen Interesse an der Rücknahme vorzunehmen (unter Beachtung der Indizwirkung).

Ein **weiteres Klausurproblem** kann bei der Bestimmung der **Rücknahmefrist** nach § 48 Abs. 4 VwVfG auftreten. Dem Wortlaut dieser Norm zufolge kann die Rücknahme lediglich innerhalb eines Jahres erfolgen, nachdem die Behörde von den die Rücknahme rechtfertigenden Tatsachen **Kenntnis** erlangt hat.

Ist allein der Umstand für den Fristbeginn maßgeblich, dass die Behörde infolge der **Kenntnis der Rechtswidrigkeit** nunmehr vor der Frage steht, eine Rücknahme anzustreben oder nicht?

Nach der Rechtsprechung ist dies nicht der maßgebliche Zeitpunkt für den Fristbeginn. Vielmehr sei entscheidend, dass die Behörde umfassende Kenntnis in Bezug auf alle Tatsachen hat, die für die Rücknahmeentscheidung relevant sind (vgl. BVerwGE 100, 199 [232]). Problematisch dürfte hier jedoch der zeitliche Aspekt sein.

58. Welche Probleme stellen sich bei der Rücknahme von Beihilfen, die gegen Europarecht verstoßen?

Ausgangspunkt der Betrachtungen ist das Beihilfeverfahren nach **Art. 108 AEUV**. Sollten dessen Voraussetzungen durch einen Mitgliedsstaat nicht eingehalten werden, ist zu erörtern, ob und nach welchen Grundsätzen eine dennoch gewährte Beihilfe zurückgefordert werden kann.

Im Kern hat sich die innerstaatliche Behörde mit der Problematik auseinanderzusetzen, wie sich eine aus dem Europarecht resultierende Pflicht zur Aufhebung mit dem Normengefüge des § 48 VwVfG (Ermessensentscheidung) in Einklang bringen lässt.

Die **Kollision** entsteht dadurch, dass das Unionsrecht keine Aussagen darüber trifft, wie die Rücknahme eines gegen Europarecht verstoßenden Verwaltungsakts umzusetzen ist. Es überlässt also den **Vollzug den Mitgliedsstaaten**.

Vor dem Hintergrund einer effektiven Durchsetzung des Unionsrechts (**"effet utile"**) könnte demnach vertreten werden, dass allein eine Aufhebung dem Unionsinteresse gerecht wird. Dies erscheint aber problematisch, sofern der Betroffene ein nach innerstaatlichem Recht schutzwürdiges Vertrauen für sich in Anspruch nehmen kann. Mit Blick darauf, dass auch dem Europarecht ein Vertrauensschutz nicht fremd ist, bedarf es somit einer umfassenden rechtlichen Würdigung. In diesem Zusammenhang ist eine **europarechtskonforme Auslegung des § 48 VwVfG** geboten.

Zu diskutieren ist, ob sich der Betroffene überhaupt auf ein schutzwürdiges Vertrauen berufen kann, wenn der Mitgliedsstaat pflichtwidrig hinsichtlich des erforderlichen Verfahrens nach Art. 108 AEUV (vgl. die Notifizierungspflicht nach Abs. 3 Satz 1) gehandelt hat. Mangels eigener Erkundigungen über die Einhaltung der notwendigen Verfahrensschritte könnte dem Beihilfeempfänger mitunter zumindest grob fahrlässige Unkenntnis von der Rechtswidrigkeit zur Last gelegt werden (**§ 48 Abs. 2 Satz 3 Nr. 3 VwVfG**). Dies dürfte jedoch zu weit gehen. Es ist wohl kaum vom Betroffenen zu verlangen, dass dieser sich über das Einhalten der Pflichten des Mitgliedsstaats gegenüber der Union informiert, es sei denn, es bestehen hinreichend konkretisierte Anhaltspunkte dafür.

Dagegen kann die effektive Durchsetzung des Unionsinteresses im Wege der bei § 48 Abs. 2 VwVfG vorzunehmenden **Abwägung** erfolgen. Das Interesse an der Gewährleistung einer gemeinsamen Wettbewerbsordnung innerhalb der Europäischen Union wird regelmäßig dem meist finanziellen Interesse des Betroffenen vorgehen. Der Begriff des „öffentlichen Interesses" ist europarechtskonform auszulegen.

Vertiefung: Vor dem Aspekt der effektiven Durchsetzung des Unionsrechts ist unter Umständen zu prüfen, ob die nationalstaatliche Ausschlussfrist nach § 48 Abs. 4 Satz 1 VwVfG von einem Jahr greifen kann. Problem: Durch Einführung von relativ kurzen Fristen könnte die Entscheidungsbefugnis der EU-Kommission schließlich unterlaufen werden.

Zur Problematik, welche Verstöße gegen Beihilferecht zu einer Rückforderungspflicht führen können EuGH NVwZ 1998, 45 ff.

VI. Klage- und Verfahrensarten

59. Wie lassen sich die verwaltungsgerichtlichen Klagen und Verfahren untergliedern?

Das verwaltungsgerichtliche Klagesystem lässt sich grundsätzlich in zweierlei Hinsicht untergliedern. Knüpft man an der im Streit stehenden Handlungsform der Behörde an, so ist danach zu differenzieren, ob *ein Verwaltungsakt* gemäß § 35 (L)VwVfG oder eine *sonstige Maßnahme* des Hoheitsträgers den Kern der Auseinandersetzung bildet.

Für die Fälle, in denen ein **Verwaltungsakt** angegriffen oder dessen Erlass begehrt wird, sieht § 42 Abs. 1 VwGO die **Anfechtungs-** (Alt. 1) **oder Verpflichtungsklage** (Alt. 2) vor. Richtet sich das Begehren auf die Vornahme oder Unterlassung eines nicht unter den Begriff des Verwaltungsakts fallenden behördlichen Handelns, kommt hingegen die **allgemeine Leistungsklage** in ihren unterschiedlichen Ausprägungsformen in Frage (dazu mehr unter Nr. 68).

Dass die Unterscheidung bezüglich der Handlungsformen nicht umfassend für die Ausdifferenzierung des Klagesystems herangezogen werden kann, wird deutlich, wenn ein Blick auf den Regelungsgehalt des § 43 VwGO geworfen wird. In diese Norm hat einmal das Interesse an der Feststellung des Bestehens oder Nichtbestehens einer öffentlich-rechtlichen Rechtsbeziehung, außerdem aber auch das Interesse an der Feststellung der Nichtigkeit eines Verwaltungsakts Eingang gefunden **(Feststellungsklage)**.

Bei Zugrundelegen des Klägerbegehrens lässt sich daher gleichfalls eine Aufgliederung in **Gestaltungsklagen** (Anfechtungsklage), **Leistungsklagen** (Verpflichtungs- und allgemeine Leistungsklage) **und Feststellungsklagen** vornehmen.

Ferner sieht die VwGO das **Normenkontrollverfahren** (§ 47 VwGO) vor, mit dem die Möglichkeit gegeben ist, untergesetzliche Rechtsnormen der Überprüfung zuzuführen. Zuständiges Gericht ist das Oberverwaltungsgericht bzw. der Verwaltungsgerichtshof.

Der Vollständigkeit halber sind weiterhin die Verfahren des **vorläufigen Rechtsschutzes** (vgl. hier die Fragen Nr. 74 und 75) zu nennen.

60. Was ist bei der Klagebefugnis (§ 42 Abs. 2 VwGO) zu beachten?

§ 42 Abs. 2 VwGO regelt, dass, soweit gesetzlich nichts anderes bestimmt ist, die Klage nur zulässig ist, wenn der Kläger **geltend macht**, durch den Verwaltungsakt oder seine Ablehnung oder Unterlassung **in seinen Rechten verletzt** zu sein.

Merke: Der Wortlaut des § 42 Abs. 2 VwGO bezieht sich ausdrücklich auf Verwaltungsakte und demnach auf die **Anfechtungs- und Verpflichtungsklage** (vgl. Abs. 1 dieser Norm). Dennoch ist der Prüfungspunkt „Klagebefugnis" nicht auf jene Klagearten beschränkt. Nach h.M. ist § 42 Abs. 2 VwGO auch bei der **allgemeinen Leistungsklage analog** heranzuziehen. Diskutiert wird eine analoge Anwendung ferner bei der **Feststellungsklage**. Die Vertreter, die eine Notwendigkeit der Heranziehung trotz § 43 Abs. 1 (berechtigtes Interesse an der Feststellung) bejahen, knüpfen an verschiedenen Stellen an. So wird einmal eine Analogie des § 42 Abs. 2 VwGO vorgeschlagen, andere hingegen wollen dessen Grundgedanken im Rahmen des § 43 Abs. 1 VwGO einfließen lassen.

Ob letztlich eine analoge Anwendung der Klagebefugnis bei der allgemeinen Leistungs- oder der Feststellungsklage in Betracht zu ziehen ist, hängt von der hinter § 42 Abs. 2 VwGO stehenden Wertung ab. Durch das Kriterium der Klagebefugnis soll erreicht werden, dass nur derjenige Klage erhebt, der für sich selbst eine Rechtsverletzung geltend machen kann. Ziel ist das Ausschließen sog. *Popularklagen*.

Für die Klausurbearbeitung von Bedeutung sind diese **zwei** Aspekte:

- **Behauptung einer Rechtsverletzung** und zwar bezogen auf die
- **Verletzung eigener Rechte**.

Fraglich ist, welche konkreten Anforderungen für die Geltendmachung der Rechtsverletzung erfüllt sein müssen. Nicht zu fordern ist, dass der Kläger eine solche Verletzung schlüssig behauptet, ausreichend ist vielmehr, dass sie nach dem Behaupteten wenigstens als **möglich** erscheint (Möglichkeitstheorie). Anders formuliert: Eine Klagebefugnis ist zu verneinen, wenn eine geltend gemachte Rechtsverletzung des Klägers ganz offenkundig nach keinem Gesichtspunkt in Betracht kommt.

Hinweis: Die Prüfung der Verletzung in eigenen Rechten findet schließlich bei der Begründetheit statt. Die Ausführungen sollten sich auf das Nötige beschränken, um eine zu starke „Kopflastigkeit" der Klausur zu vermeiden. Im Regelfall empfiehlt sich eine knappe Abhandlung (hinsichtlich der *Möglichkeit* einer Rechtsverletzung).

Zur Drittbetroffenen- bzw. Nachbarklage siehe die Ausführungen bei Frage Nr. 61.

Klausurtipp:

Je nach Klageart gestaltet sich der Einstieg bzgl. der Prüfung des § 42 Abs. 2 VwGO (analog) unterschiedlich.

(1) Anfechtungsklage

Richtet sich der belastende Verwaltungsakt unmittelbar an den Kläger, ist die Klagebefugnis unproblematisch. Möglich erscheint, dass der Kläger als Adressat dieses Verwaltungshandelns *zumindest* in seinen Rechten aus Art. 2 Abs. 1 GG verletzt ist **(Adressatentheorie).** Sofern offensichtlich die Verletzung eines speziellen Grundrechts im Raum steht, kann dieses ergänzend genannt werden.

(2) Verpflichtungsklage

Hier darf keinesfalls auf die Adressatentheorie zurückgegriffen werden. Der Kläger begehrt den Erlass eines Verwaltungsakts und beruft sich hierbei auf eine ihm zustehende Rechtsposition. Zu prüfen ist, ob er möglicherweise einen **Anspruch auf**

den gewollten Verwaltungsakt hat. Eine Abgrenzung ist dabei zu den Fällen vorzunehmen, in denen der **Erlass einer Ermessensentscheidung** den Streitgegenstand bildet. Insoweit steht das subjektive Recht auf *ermessensfehlerfreie Entscheidung* im Mittelpunkt der Erörterungen (Beachte indes die Konstellationen, die mit einer *Ermessensreduzierung auf Null* einhergehen [Anspruch auf Erlass eines bestimmten Verwaltungsakts]!). Vgl. zu den Ermessensfehlern Frage Nr. 55.

(3) Allgemeine Leistungsklage

Wie bei der Verpflichtungsklage ist zu prüfen, ob der Kläger einen **möglichen Anspruch auf** die von ihm **begehrte Leistung** (sie besteht hier nicht im Erlass eines Verwaltungsakts) hat.

Zu der Problematik, ob eine Norm ein subjektives Recht zuerkennt, ausführlich die Darstellungen bei Frage 61.

61. Welche Rolle spielt das subjektive öffentliche Recht bei der Klagebefugnis? Welche Theorie wird in diesem Zusammenhang relevant?

Bei der Klagebefugnis wird geprüft, ob und inwieweit eine Rechtsnorm dem **Bürger** eine **rechtlich anerkannte und geschützte Rechtsposition einräumt.** Nur ein entsprechendes Recht ist für die Verletzungsbehauptung maßgeblich. Es ist von den Rechten zu unterscheiden, die nur dem öffentlichen Interesse zu dienen bestimmt sind und allenfalls bloße Rechtsreflexe für den Bürger entfalten.

Eine intensive Auseinandersetzung ist unter Umständen angebracht, wenn

(1) eine **Anfechtung durch einen Dritten** erfolgt (Drittbetroffenenklage/Nachbarklage) oder
(2) ein **Anspruch auf** eine staatliche **Leistung** geltend gemacht wird (Verpflichtungs-/Leistungsklage).

Nach der **Schutznormtheorie** kann der Bürger die Einhaltung eines Rechtssatzes verlangen, sofern dieser nicht nur die Allgemeininteressen schützen soll, sondern **zumindest auch den Individualinteressen des Bürgers zu dienen bestimmt** ist.

Nicht selten wird die Einordnung mit Schwierigkeiten verbunden sein. Das geschützte Interesse ist durch Auslegung zu ermitteln, wobei insbesondere auf die Zielsetzung einer Norm zu achten ist. Problematisch und daher ein beliebtes Klausurthema sind die Drittbetroffenen- oder Nachbarklagen. Hier lassen sich Prüfungspunkte des allgemeinen Verwaltungsrechts geschickt mit denen des Bau- und Immissionsschutzrechtes kombinieren.

Diesen Klausuren liegt der Sachverhalt zugrunde, dass der baurechtlich bzw. immissionsschutzrechtlich relevante Verwaltungsakt nicht gegenüber dem Kläger selbst, sondern gegenüber einem anderen erlassen wurde. Zu überlegen ist, ob sich der Kläger auf eine nachbarschützende Rechtsposition berufen kann. Da es sich um spezifische Probleme aus dem besonderen Verwaltungsrecht handelt, sollen lediglich Grundlinien aufgezeigt werden:

- Wer ist überhaupt als *Nachbar* zu qualifizieren?

  Schon an dieser Stelle lassen sich bestimmten Personenkreise ausscheiden. Z.B. bezieht sich das Baurecht auf boden- und grundstücksrelevante Rechte (vgl. Art. 14 Abs. 1 GG, Baufreiheit). Nicht erfasst werden grds. obligatorisch berechtigte Nachbarn wie Mieter des angrenzenden Grundstücks.

- Kann sich ein vom Nachbarbegriff erfasster Kläger konkret auf eine drittschützende Norm berufen?

  Ja, wenn die hier im Streit stehende Regelung nicht nur öffentliche Interessen verfolgt, sondern auch seinem Schutz zu dienen bestimmt ist.

Im Baurecht weisen vornehmlich Vorschriften des *Bauordnungsrechts* drittschützenden Charakter auf (Grenzabstände, Vorschriften über den Brandschutz); dagegen stellt das *Bauplanungsrecht* in erster Linie auf öffentlich Interessen ab, wobei bestimmte Normen dennoch nachbarschützenden Inhalt aufweisen können (in Verbindung mit dem Rücksichtnahmegebot, vgl. BVerwGE 52, 122 [131]).

Im Ergebnis dürfte entscheidend sein, ob sich ein besonders geschützter Personenkreis durch Auslegung ermitteln lässt, der anhand gewisser Merkmale von der Allgemeinheit abgegrenzt werden kann.

62. Nennen Sie die Prüfungsschritte im Widerspruchsverfahren!

<u>Zulässigkeit</u>

(1) Verwaltungsrechtsweg, § 40 VwGO analog

(2) Statthaftigkeit, § 68 VwGO

- Widerspruchsverfahren ist durchzuführen, wenn ein Verwaltungsakt Streitgegenstand ist

- Widerspruchsverfahren wird spezialgesetzlich angeordnet

- Ausnahmen vom Erfordernis des Widerspruchsverfahrens, § 68 Abs. 1 Satz 2 VwGO

Klausurtipp: Für die Klausurbearbeitung sollte man wissen, ob es im eigenen Bundesland Regelungen gibt, welche die Erforderlichkeit eines Vorverfahrens (für besondere Rechtsgebiete mit bestimmten Übergangsfristen) einschränken, z.B. Art. 15 AGVwGO Bayern, § 15 AGVwGO Baden-Württemberg, § 16a AG VwGO Hessen, § 80 JustizG Niedersachsen (beachte hier aber § 80 II 1 Nr. 4!), § 110 JustG Nordrhein-Westfalen.

(3) Widerspruchsbefugnis, § 42 Abs. 2 VwGO analog

(4) Einhaltung der Form- und Fristvorschriften, § 70 VwGO

- fristgemäße Einlegung innerhalb eines Monats nach Bekanntgabe (§ 41 VwVfG)
- Jahresfrist, sofern keine ordnungsgemäße Rechtsbehelfsbelehrung erfolgte, §§ 70 Abs. 2, 58 Abs. 2 VwGO
  Die Fristberechnung ist umstritten:
  1. Möglichkeit:
  - Es gelten die verwaltungs*verfahrensrechtlichen* Vorschriften des VwVfG (§§ 79, 31 Abs. 1 VwVfG iVm. § 187 ff. BGB).

  2. Möglichkeit:
  - Anzuwenden sind die verwaltungs*prozessualen* Vorschriften der VwGO (§ 57 VwGO, § 222 ZPO, 187 ff. BGB).

  Problem: In § 70 Abs. 2 VwGO erfolgt kein Verweis auf § 57 VwGO.

Klausurtipp: Klausurrelevant sind die Fälle, in denen zwar die Einlegung des Widerspruchs nicht fristgemäß erfolgte, die Behörde jedoch ungeachtet dessen über ihn in der Sache entscheidet. In dieser Konstellation stellt sich die Frage, ob die infolge des Fristablaufs eingetretene Bestandskraft durchbrochen werden kann und damit dem Betroffenen die Möglichkeit gegeben wird, eine Sachentscheidung im Klageweg herbeizuführen.

Ausgangspunkt der Betrachtung ist, dass bei einem nicht fristgerecht eingelegten Rechtsbehelf eine Klage mangels durchgeführten Vorverfahrens als unzulässig zu verwerfen ist. Durch einen nunmehr im Nachgang erlassenen Widerspruchsbescheid würde aber eine erneute Klagemöglichkeit eröffnet werden, obwohl diese unter dem Blickwinkel der mit der Bestandskraft einhergehenden Rechtssicherheit eigentlich ausgeschlossen sein müsste. Vor diesem Hintergrund wird teilweise vertreten, dass der Behörde eine Entscheidung in der Sache untersagt ist, sie sich also auf die Bindungswirkung zu berufen hat.

> Dem kann man aber entgegnen, dass dem Verwaltungsträger die Chance einer Selbstkontrolle weiterhin zugebilligt werden muss. Die Widerspruchsbehörde ist „Herrin" des Widerspruchsverfahrens und in dieser Funktion bleibt es ihr unbenommen, eine sachliche Prüfung durchzuführen, ggfs. getroffene Entscheidungen zu korrigieren und insofern zu bescheiden. Eine Grenze ist dort zu ziehen, wo durch die nachgeholte Ausübung der Sachprüfungskompetenz Rechte Dritter betroffen sind. Jene können wegen der eingetretenen Bestandskraft eine Rechtssicherheit und damit eine geschützte Rechtsposition für sich in Anspruch nehmen.

(5) Sonstige Zulässigkeitsvoraussetzungen wie Beteiligten- /Handlungsfähigkeit; anzuwenden sind die Vorschriften des (L)VwVfG (§ 79).

Begründetheit

Die Prüfung erfolgt grundsätzlich wie bei der Anfechtungs- oder Verpflichtungsklage. Da nach § 68 Abs. 1 Satz 1 VwGO jedoch auch die *Zweckmäßigkeit* Prüfungsgegenstand ist, muss der Sachverhalt auf Hinweise bzgl. einer unzweckmäßigen Handhabe überprüft werden (volle Ermessensüberprüfung).

63. Was ist unter der „Reformatio in peius" zu verstehen? Wie ist sie in der Klausur zu handhaben?

Unter die Begrifflichkeit „Reformatio in peius" ist der Fall zu subsumieren, in dem **zum Nachteil** eines Widerspruchsführers von der im Vorverfahren angegriffenen Entscheidung **abgewichen** wird (sog. *Verböserung* im Widerspruchsverfahren).

Denkbar scheint, dass eine derartige Verböserung nicht in Betracht kommen kann, da der Widerspruchsführer möglicherweise einen *Vertrauensschutz* genießt. Das nachteilige Abweichen könnte dazu führen, dass von der Möglichkeit der Durchführung eines Widerspruchsverfahrens seitens des Betroffenen Abstand genommen und eine Rechtskontrolle somit vereitelt wird.

Jedoch beschränken sich die §§ 71 ff. VwGO nicht auf die Alternativen Aufhebung des Verwaltungsakts oder Zurückweisung des Widerspruchs (vgl. Wortlaut des § 71 VwGO). Eine Regelung, die z.b. dem Inhalt des § 331 StPO nahe kommt, ist für das verwaltungsrechtliche Vorverfahren nicht zu finden. Für eine **grundsätzliche Zulässigkeit** der „Reformatio in peius" spricht wohl der Sinn und Zweck des Widerspruchsverfahrens.

Die Widerspruchsbehörde verfügt in der Regel (vgl. zu eventuellen Ausnahmen u.a. entsprechende Vorschriften im Kommunalrecht, Stichwort: Selbstverwaltungsrecht und Aufsicht) über die **volle Nachprüfungskompetenz** (*§ 68 Abs. 1 Satz 1 VwGO: Vor Erhebung der Anfechtungsklage sind Rechtmäßigkeit und Zweckmäßigkeit des Verwaltungsakts in einem Vorverfahren nachzuprüfen.*). Ferner kann § 79 Abs. 1 Nr. 1 VwGO herangezogen werden, wonach Klagegegenstand der Verwaltungsakt in Gestalt des Widerspruchsbescheides ist.

Merke: Die grundsätzliche Zulässigkeit sagt jedoch noch nichts darüber aus, **ob die konkrete Verböserung** im zu beurteilenden Widerspruchsverfahren **rechtmäßig** ist. Als Maßstab werden die **§§ 48, 49 VwVfG** sowie spezialgesetzliche Aufhebungsvorschriften herangezogen (normierte Vertrauenstatbestände).

64. Welche Feststellungsklagen sind in der Klausurbearbeitung anzutreffen?

Obwohl § 43 VwGO dem Wortlaut nach den Eindruck erweckt, als gäbe es lediglich eine Feststellungsklage, sind doch mehrere Formen zu unterscheiden. Zu nennen sind:

- die **allgemeine Feststellungsklage** in ihrer jeweiligen Ausprägung als „positive" oder „negative" Feststellungsklage (§ 43 Abs. 1 Var. 1 und Var. 2 VwGO)

- die **Nichtigkeitsfeststellungsklage** (§ 43 Abs. 1 Var. 3 VwGO)

- die **vorbeugende Feststellungsklage** (besondere Form aufgrund erweiterter Auslegung des § 43 Abs. 1 VwGO)

- die **Fortsetzungsfeststellungsklage** (§ 113 Abs. 1 Satz 4 VwGO), sofern eine entsprechende Rechtsnatur angenommen wird (vgl. dazu die Ausführungen bei Frage Nr. 66)

Mit der **allgemeinen Feststellungsklage** wird die Feststellung des Bestehens oder Nichtbestehens eines öffentlich-rechtlichen Rechtsverhältnisses begehrt. Dabei ist zu beachten, dass der Begriff des Rechtsverhältnisses grundsätzlich weit zu verstehen ist.

Rechtsverhältnis bedeutet: Rechtliche Beziehungen im Verhältnis **Person – Person** oder **Person – Sache**, wobei diese auf öffentlich-rechtlichen Normen fußen müssen (zur Def. siehe BVerwGE 40, 323 ff. [325]).

Hinweis: Erforderlich ist ein hinreichend **konkretisiertes** Rechtsverhältnis. Nicht von § 43 Abs. 1 VwGO erfasst werden hingegen abstrakte Streitfragen. Das Rechtsverhältnis kann im Übrigen auch zeitlich in der **Vergangenheit** oder **Zukunft** angesiedelt sein.

Die **Nichtigkeitsfeststellungsklage** ist ausgerichtet auf die Feststellung, ob ein Verwaltungsakt an einem derart **schwerwiegenden Mangel** leidet, der allein die Nichtigkeit zur Folge haben kann (vgl. § 44 [L]VwVfG). In diesem Kontext wird sich der Klausurbearbeiter dem Problem gegenübersehen, welche Vorgehensweise in der Fallkonstellation letztlich angebracht ist. Da ein Verwaltungsakt Gegenstand der Auseinandersetzung ist, kann ebenso eine Anfechtungsklage in Betracht kommen. Insofern darf nicht auf die Subsidiaritätsklausel (§ 43 Abs. 2 Satz 1 VwGO) abgestellt werden, weil diese gerade nicht auf das Verhältnis zwischen den beiden Klagetypen anzuwenden ist (§ 43 Abs. 2 Satz 2 VwGO).

Merke: Sticht dem Bearbeiter ein schwerwiegender Fehler im Sinne des § 44 VwVfG nicht ins Auge, so sollte sich die Prüfung zunächst auf die Anfechtungsklage konzentrieren. Ist ein Nichtigkeitstatbestand im Ergebnis zu bejahen, ist zu ferner auszuführen, dass gleichfalls im Wege der Feststellungsklage nach § 43 Abs. 1 Var. 3 VwGO vorgegangen werden kann (bzw. es ist eine Empfehlung für das Klageverfahren auszusprechen, Schlagworte: Auslegung des Klageantrags, Umstellung der Klage).

Eine weitere klausurrelevante Klageart ist die **vorbeugende Feststellungsklage**. An diese ist zu denken, wenn mit einem weiteren Abwarten staatlichen Handelns für den Kläger hinreichend konkretisiert **nachteilige Veränderungen** verbunden sein können. Wegen der in der VwGO explizit vorgesehenen Möglichkeit der Inanspruchnahme des einstweiligen Rechtsschutzes (§§ 80 Abs. 5, 123 VwGO) ist wohl eine restriktive Handhabung geboten **(qualifiziertes Rechtsschutzinteresse)**.

65. Ist § 42 Abs. 2 VwGO analog bei der allgemeinen Feststellungsklage zu prüfen?

Diese Frage wird kontrovers diskutiert. **Eine Auffassung** knüpft an der individuell geprägten Rechtsschutzgarantie des Art. 19 Abs. 4 GG an und verlangt zwecks Vermeidung von Popularklagen nach einer **analogen Anwendung** des § 42 Abs. 2 VwGO. Die **Gegner** dieser Analogie berufen sich darauf, dass insoweit allein danach zu fragen ist, ob der Kläger ein berechtigtes Interesse an der baldigen Feststellung nach § 43 Abs. 1 VwGO für sich in Anspruch nehmen kann. Das berechtigte Interesse gehe als spezielles Merkmal der allgemeinen Feststellungsklage der Klagebefugnis vor bzw. lasse für deren Anwendung keinen Spielraum.

Exkurs: Das berechtigte Interesse setzt ein rechtliches Interesse gerade nicht voraus. Ausreichend ist auch ein ideell oder wirtschaftlich geprägtes Anliegen, sofern dieses nach vernünftigen Erwägungen als schutzwürdig zu erachten ist (vgl. hierzu Stern, Verwaltungsprozessuale Probleme in der öffentlich-rechtlichen Arbeit, Rz. 421). Ein berechtigtes Interesse wird meist anzunehmen sein, wenn eine Rechtslage zwischen der Verwaltung und dem Kläger streitig ist und für diesen ein Bedürfnis nach Klärung besteht (Ausrichten des zukünftigen Verhaltens am Festgestellten, Wiederholungsgefahr, Rehabilitation).

66. Was ist eine Fortsetzungsfeststellungsklage (FFK)? Wo ist sie geregelt?

Ansatzpunkt ist ein Verwaltungsakt, der sich erledigt hat. Zur Erledigung vgl. § 43 Abs. 2 (L)VwVfG. In einem solchen Fall fehlt für das Weiterbetreiben einer Anfechtungsklage das Rechtsschutzbedürfnis: Im Fall der Erledigung eines Verwaltungsakts nach erhobener Anfechtungsklage sieht § 113 Abs. 1 Satz 4 VwGO vor, dass das Gericht auf Antrag ausspricht, dass der ursprünglich angegriffene Verwaltungsakt rechtswidrig gewesen ist. Voraussetzung dafür ist ein besonderes Feststellungsinteresse (dazu Frage 67).

Der Charakter der FFK ist umstritten. Zum Teil wird sie - wie ihr Namensbestandteil gleichsam andeutet - den **Feststellungsklagen** zugeordnet. Einer anderen Auffassung zufolge handelt es sich um einen **Unterfall der Anfechtungs- oder Verpflichtungsklage**. Die Einordnung ist entscheidungserheblich, weil hiermit unter Umständen unterschiedliche Zulässigkeitsvoraussetzungen verbunden sind (Stichpunkte: Durchführen eines Widerspruchsverfahrens, Einhalten einer Klagefrist).

Unproblematisch indes ist die in § 113 Abs. 1 Satz 4 VwGO geregelte und in der Einführung zu dieser Frage aufgeführte Konstellation (Erledigung einer Anfechtungsklage **nach Klageerhebung**). Hier sind die für die ursprüngliche Klage notwendigen Zulässigkeitsvoraussetzungen erfüllt gewesen.

Merke: Bei der direkten Anwendung des § 113 Abs. 1 Satz 4 VwGO ist keine Diskussion über die Rechtsnatur erforderlich. Allein das besondere Feststellungsinteresse ist als zusätzliches Kriterium zu prüfen.

Klausurtipp:

Klausurelevant sind die Fälle, in denen § 113 Abs. 1 Satz 4 VwGO analog anzuwenden ist. Hierfür gibt es verschiedene Ansätze.

- Bei einer **Anfechtungssituation** tritt Erledigung **vor** der Klageerhebung ein.
- Bei einer **Verpflichtungssituation** kommt eine Klage nicht mehr in Betracht, da sich mittlerweile das **Begehren** des Klägers **erledigt** hat.

Problemkreis:

Fraglich ist, wie es sich jeweils prozessual auswirkt, ob die Erledigung **nach Ablauf oder vor Ablauf der Widerspruchsfrist** eingetreten ist (Erforderlichkeit der Durchführung eines Widerspruchsverfahrens). Bei der Erledigung **nach** Ablauf der Widerspruchsfrist ohne Durchführen des Verfahrens steht ein bestandskräftiger Verwaltungsakt im Raum, der mit einer Anfechtungsklage gar nicht mehr angreifbar war. Eine derartige Klage wäre folglich schon unzulässig; es fehlt an den Zulässigkeitsvoraussetzungen „Vorverfahren, § 68 VwGO" und „fristgerechte Klageerhebung, § 74 Abs. 1 VwGO". Tritt Erledigung aber **vor** Fristablauf ein, ist nach **h.M.** kein Widerspruchsverfahren mehr durchzuführen. Die in den §§ 71 ff. VwGO zum Ausdruck kommende Zielsetzung (Selbstkontrolle der Verwaltung, Abhilfe bei Begründetheit) sei sowieso nicht mehr erreichbar.

Zur Klagefrist: Fehlt es am Anknüpfungspunkt „Widerspruchsverfahren" (vgl. vorstehend genannte Konstellation), scheidet eine Anwendung des **§ 74 Abs. 1 Satz 1 VwGO** aus. Sieht man in der FFK von der Rechtsnatur her eine **Feststellungsklage**, bedarf es **keiner Beachtung** einer Klagefrist. Bestandskräftigkeit zwecks Rechtssicherheit ist nicht geboten; immerhin entfaltet der Verwaltungsakt keine unmittelbaren Rechtswirkungen mehr. Sollte von einem Unterfall der Anfechtungsklage ausgegangen werden, ist möglicherweise an eine **analoge Anwendung des § 74 Abs. 1 Satz 2 VwGO** zu denken.

67. Welche Fälle sind beim besonderen Feststellungsinteresse zu unterscheiden?

Hinsichtlich des besonderen Feststellungsinteresses (§ 113 Abs. 1 Satz 4 VwGO) haben sich vor allem drei Fallgruppen herauskristallisiert.

- Bestehen einer konkreten (also hinreichend bestimmten) **Wiederholungsgefahr**

- Vorliegen eines **Rehabilitationsinteresses**, insbesondere bei diskriminierender Wirkung des Verwaltungshandelns

- Vorbereitung eines **Amtshaftungsverfahrens** (sog. präjudizielles Interesse), hier darf keine offensichtliche Aussichtslosigkeit des Schadensersatzprozesses in Betracht kommen

Hinweis: Erledigt sich der Verwaltungsakt vor der Erhebung der Klage, will die h.M. ein präjudizielles Interesse (Ersatzanspruch) nicht gelten lassen und verweist den Kläger unmittelbar auf den Zivilrechtsweg (prozessökonomische Erwägung: Zivilgericht hat sowieso beim Amtshaftungsanspruch [Art. 34 GG iVm. § 839 BGB] zu prüfen, ob eine Pflichtverletzung - rechtswidrige Verwaltungsentscheidung - vorliegt oder nicht).

68. Was wird mit der allgemeinen Leistungsklage begehrt?

Mit der allgemeinen Leistungsklage wird die Verurteilung der Verwaltung zu einem bestimmten Verhalten begehrt, welches nicht unter den Begriff des Verwaltungsakts subsumiert werden kann. Sie bezieht sich auf **schlichtes Verwaltungshandeln** (Tun, Dulden oder Unterlassen) und lässt sich mangels eines Verwaltungsaktcharakters von der Verpflichtungsklage abgrenzen. Zu differenzieren ist zwischen der Klage auf **Vornahme** und der Klage auf **Unterlassung**:

- Vornahmeklage
- Unterlassungsklage.

Einen Sonderstatus nimmt die sog. **vorbeugende Unterlassungsklage** ein. Wegen ihrer präventiven Ausrichtung (Abwehr eines erst in der Zukunft drohenden rechtswidrigen Eingriffs) stellt sie eine Ausnahme im verwaltungsgerichtlichen Klagesystem dar. Keineswegs darf dieser Klagetyp mit den Verfahren des vorläufigen Rechtsschutzes verwechselt werden (abschließende Entscheidung versus vorläufige Entscheidung).

69. Ist die allgemeine Leistungsklage gesetzlich normiert?

Die allgemeine Leistungsklage wird in der VwGO zwar nicht als eigenständige Klageart geregelt, jedoch von ihr als zulässig vorausgesetzt (vgl. dazu §§ 43 Abs. 2, 111, 113 Abs. 4 VwGO).

70. Welches sind Hauptanwendungsbereiche einer allgemeinen Leistungsklage?

Mit der allgemeinen Leistungsklage steht dem Kläger ein Instrument zur Verfügung, durch das er zum einen **Ansprüche** (auf Erfüllung oder auf Schadensersatz) aus einem **öffentlich-rechtlichen Vertrag (§§ 54 ff. [L]VwVfG)** geltend machen kann, zum anderen eine Handhabe für die Fälle hat, bei denen das Handeln der öffentlichen Verwaltung allein auf das **Herbeiführen eines tatsächlichen Erfolgs** gerichtet ist.

- Erfüllungs- und Schadensersatzansprüche aus öffentlich-rechtlichem Vertrag
- Realakte und Willensäußerungen seitens der Verwaltung
- Folgenbeseitigungsansprüche

71. Ist der Kommunalverfassungsstreit eine Klageart sui generis?

Wie bereits bei der Frage Nr. 59 dargestellt, lässt sich das Klagesystem in drei Grundtypen unterteilen:

- Gestaltungsklagen
- Leistungsklagen
- Feststellungsklagen.

Geht man davon aus, dass die VwGO die Klagearten nicht abschließend regelt, dürfte der Katalog um weitere Klagearten sui generis zu erweitern sein. Gegen einen abschließenden Klagekatalog dürfte wohl der in Art. 19 Abs. 4 GG zum Ausdruck kommende Gedanke eines *effektiven Rechtsschutzes* sprechen. Auf eine Klage sui generis wird man vor diesem Hintergrund aber nur dann zurückgreifen müssen, wenn dem Rechtsschutzbegehren nicht schon durch ein Beschreiten des klassischen Klagesystems zum Erfolg verholfen werden kann. Immerhin hat der Gesetzgeber in der VwGO gewisse „Spielregeln" (z.B. Durchführung eines Vorverfahrens bei der Anfechtungsklage) aufgestellt.

Von einem Kommunalverfassungsstreit wird gesprochen, wenn Streitgegenstand Rechte und Pflichten von Organen bzw. Organteilen innerhalb einer Gemeinde sind. Exemplarisch soll hier der Ausschluss von Gemeinderatsmitgliedern von der Abstimmung im Gemeinderat erwähnt werden.

Nach der **h.M.** ist der Kommunalverfassungsstreit **nicht** als **Klage eigener Art** einzustufen. Als statthafte Klagearten kommen grundsätzlich die eingangs genannten drei Typen in Frage: Da es sich um eine Streitigkeit handelt, die dem Binnenbereich des Verwaltungsträgers zuzuordnen ist, wird eine Anfechtungs- oder Verpflichtungsklage im Regelfall ausscheiden. Die Organe oder Organteile stehen in einem *Gleichordnungsverhältnis,* so dass nicht vom Vorliegen eines Verwaltungsakts ausgegangen werden kann. Gegen eine Verwaltungsaktqualität ist gleichsam die *fehlende Außenwirkung* anzuführen.

Damit verbleiben als mögliche Klagearten die **Feststellungs- und** die **allgemeine Leistungsklage**. Welche dieser Klagen zum Zuge kommt, hängt von der verfolgten Intention ab. Für die allgemeine Leistungsklage lässt sich der Aspekt heranziehen, dass das Gericht bei Obsiegen den Beklagten zur Vornahme einer Handlung oder zu einem Unterlassen verpflichtet. Als Argument kann zudem die Subsidiaritätsklausel (§ 43 Abs. 2 VwGO) dienen, wobei dies wegen seines rein formalen Ansatzpunkts eher schwache Bedeutung zu haben scheint.

Schließlich sollte auf die den Einzelfall bestimmenden Umstände Rücksicht genommen werden. Ist z.B. eine Maßnahme als nichtig einzustufen, ist vielmehr eine Nichtigkeitsfeststellungsklage in Betracht zu ziehen. Eine sorgfältige Auseinandersetzung mit der sich beim innerorganschaftlichen Streit ergebenden Problematik ist insofern schon die „halbe Miete".

Merke: Die Beteiligtenfähigkeit richtet sich nach **§ 61 Nr. 2 VwGO (analog)**; bei den Organen bzw. Organteilen handelt es sich nämlich nicht um natürliche oder juristische Personen. Hinsichtlich der Bestimmung des richtigen **Klagegegners** ist zu beachten, dass nach der **h.M.** nicht auf die Gemeinde, sondern auf das **Organ bzw.** den **Organteil** selbst abzustellen ist.

72. Was ist ein Folgenbeseitigungsanspruch?

Der Folgenbeseitigungsanspruch ist ein gewohnheitsrechtlich anerkanntes Rechtsinstitut, das durch Rechtsprechung und Literatur fortlaufend weiterentwickelt wurde. Er spielt bei der allgemeinen Leistungsklage eine wichtige Rolle. Als materiellrechtliche Anspruchsgrundlage ist der Folgenbeseitigungsanspruch auf die Beseitigung von Beeinträchtigungen ausgerichtet, die aus einem rechtswidrigen Verwaltungshandeln resultieren. Als Prüfungsgegenstand taucht er meist auf, wenn durch eine hoheitliche Maßnahme ein rechtswidriger, noch fortwährender Zustand hervorgerufen wird, der nach einer Gegenbzw. Beseitigungsmaßnahme verlangt. Der Anwendungsbereich ist z.B. eröffnet, sofern bei einer öffentlich-rechtlichen Willensäußerung die Verletzung eines subjektiven Rechts im Raum steht, die einen Widerruf durch die Verwaltung als geboten erscheinen lässt. Als Beseitigungsmaßnahmen sind neben dem Widerruf zu nennen:

- Rückgaben

- Entfernungshandlungen

- Wiederherstellungsmaßnahmen

Merke: In der Klausur ist darauf zu achten, dass eine allgemeine Leistungsklage nicht einschlägig ist, wenn die begehrte Gegenmaßnahme im Erlass eines Verwaltungsakts besteht. In diesen Fällen ist die Verpflichtungsklage statthafte Klageart.

Die Herleitung des Folgenbeseitigungsanspruchs ist umstritten. Zur Begründung dieses Anspruchs werden folgende drei „Rechtskreise" herangezogen:

- das **Rechtsstaatsprinzip** (vgl. insbesondere Art. 20 Abs. 3 GG)
- die **Grundrechte**
- der allgemeine Rechtsgedanke, der dem sog. **quasinegatorischen Abwehranspruch** zugrunde liegt (vgl. §§ 12, 862, 1004 BGB)

Zum Teil wird dieser „Rechtskreis" nicht dem Folgenbeseitigungsanspruch zugeordnet, sondern vielmehr als eigenständiger Widerrufs- und Unterlassungsanspruch angesehen.

73. Wie erfolgt die Prüfung eines verwaltungsrechtlichen Vertrags?

Mit Blick auf die vorstehenden Erörterungen zur allgemeinen Leistungsklage soll hier auf eine weitere in diesem Zusammenhang relevante Handlungsform und zwar den verwaltungsrechtlichen Vertrag eingegangen werden. Interessant ist jene Handlungsform gerade deshalb, weil bei dieser auch die Behörde als Klägerin auftreten kann, wenn es ihr um die gerichtliche Durchsetzung vertraglicher Ansprüche geht. Dies hat den Hintergrund, dass sich die öffentliche Hand durch den Verzicht auf Erlass eines Verwaltungsakts mit dem Bürger auf eine gemeinsame Stufe gestellt hat, sie demnach dessen Vorzüge nicht genießen kann („verwaltungseigene Vollstreckung").

Beachte: In § 61 (L)VwVfG wird die Möglichkeit gegeben, die verwaltungseigene Vollstreckung dennoch durch entsprechende Vereinbarung zu begründen **(Unterwerfung unter die sofortige Vollstreckung).**

Von einem verwaltungsrechtlichen Vertrag (§§ 54 ff. [L]VwVfG) ist auszugehen, wenn ein Rechtsverhältnis auf dem Gebiet des öffentlichen Rechts durch Vereinbarung begründet, abgeändert oder aufgehoben wird. Zu differenzieren ist zwischen diesen beiden Vertragsarten:

- koordinationsrechtlicher Vertrag

- subordinationsrechtlicher Vertrag

Beim **koordinationsrechtlichen Vertrag** sind allein Hoheitsträger Vertragspartner, demnach Verwaltungsträger, die auf gleicher Stufe stehen. Der **subordinationsrechtliche Vertrag** setzt dagegen eine Vereinbarung zwischen einem Bürger und einem Träger hoheitlicher Gewalt voraus. Die Unterscheidung ist vor dem Hintergrund maßgeblich, dass sich einige Regelungen der §§ 54 ff. (L)VwVfG nur auf den subordinationsrechtlichen Vertrag beziehen. So stellt § 59 Abs. 2 (L)VwVfG einen Katalog mit Nichtigkeitsgründen nur für die zuletzt genannte Vertragsart auf (Verweis auf Verträge im Sinne des § 54 Satz 2 [L]VwVfG).

In der Klausurbearbeitung wird man vornehmlich mit der Situation konfrontiert werden, in der ein Vertragsteil die Gewährung und Durchsetzung vertraglicher Ansprüche beansprucht. Zu berücksichtigen ist in solchen Fallkonstellationen, dass derartige Ansprüche selbst aus einem rechtswidrigen Verwaltungsvertrag abgeleitet werden können. Nicht die Rechtswidrigkeit ist Prüfungsgegenstand, sondern vielmehr die Frage, ob der streitgegenständliche Vertrag überhaupt wirksam ist (vgl. insoweit die besonders den §§ 57 - 58 [L]VwVfG entnehmbare dahingehende gesetzgeberische Wertung). Zu erörternde Punkte sind dabei (Unwirksamkeits-/Nichtigkeitsprüfung):

- **wirksamer Vertragsschluss**

    - Ist das Schriftformerfordernis beachtet worden? (§§ 57, 62 Satz 2 [L]VwVfG)
    - Wenn nicht, so liegt ein Nichtigkeitsgrund vor. (vgl. § 59 Abs. 1 [L]VwVfG iVm. § 125 BGB)

- **kein Vertragsformverbot**

    - Steht eine Rechtsvorschrift dem Abschluss eines Verwaltungsvertrags entgegen?
    - Wenn ja, ist der Vertrag nichtig (§ 59 Abs. 1 [L]VwVfG iVm. § 134 BGB).

- **zulässiger Vertragsinhalt**

    Bei **subordinationsrechtlichen** Verträgen ist vor allem auf die besonderen Gründe des **§ 59 Abs. 2 (L)VwVfG** zu achten.

Merke: Sofern ein subordinationsrechtlicher Austauschvertrag (vgl. § 56 [L]VwVfG) zu beurteilen ist, muss das Augenmerk auf das in **§ 59 Abs. 2 Nr. 4 (L)VwVfG** sanktionierte **Koppelungsverbot** gerichtet werden. Der Verwaltung soll dadurch ein Handel mit Hoheitsrechten untersagt werden.

74. Welche Verfahren des einstweiligen Rechtsschutzes sind in der VwGO geregelt?

Der Zeitfaktor wird es nicht selten erfordern, einen verwaltungsrechtlichen Streit zunächst vorläufig zu klären bzw. eine vorläufige Regelung zu treffen. Um einen effektiven Rechtsschutz gewähren zu können, sieht die VwGO die Möglichkeit der einstweiligen Verfahren vor. Den einstweiligen Rechtsschutzverfahren kommt in der Praxis erhebliche Bedeutung zu. Ohne das Beschreiten dieses Wegs würde in zahlreichen Fällen die Gefahr *vollendeter Tatsachen* bestehen, so dass eine Entscheidung in der Hauptsache mitunter zu spät käme, eingetretene Folgen aufgrund eines Verwaltungshandelns folglich nicht mehr zu beseitigen wären.

Merke: Das Abwarten auf eine endgültige Entscheidung ist mit ernsthaften Beeinträchtigungen verbunden.

Die vorläufigen Rechtsschutzverfahren sind in den **§§ 80, 80a, 123 und 47 Abs. 6 VwGO** normiert. Charakteristisch ist die Zweiteilung der Verfahren. Während die §§ 80, 80 a VwGO die aufschiebende Wirkung (Suspensiveffekt) von Rechtsbehelfen bzw. deren gerichtliche Anordnung oder Wiederherstellung zum Gegenstand haben, erstreckt sich der Anwendungsbereich der einstweiligen Anordnung nach § 123 VwGO auf die Sicherung von individuellen Ansprüchen (Sicherungsanordnung) oder die Regelung in Bezug auf ein öffentlich-rechtliches Rechtsverhältnis (Regelungsanordnung).

Schwierigkeiten treten häufig dort auf, wo die Gewährung eines vorläufigen Rechtsschutzes mit einer **endgültigen Vorwegnahme der Hauptsacheentscheidung** einhergeht. Für solche Konstellationen ist grundsätzlich die Inanspruchnahme des einstweiligen Rechtsschutzes **ausgeschlossen**. Eine **Ausnahme** soll jedoch für den Fall gelten, in dem das Abwarten einer rechtskräftigen endgültigen Entscheidung mit schlechthin untragbaren oder **unzumutbaren Nachteilen** verbunden ist.

Beim vorläufigen Rechtsschutz gemäß **§§ 80, 80a VwGO** ist zu beachten, dass hier sowohl **behördliche** als auch **gerichtliche** Entscheidungen möglich sind. Ausgangspunkt ist § 80 Abs. 1 VwGO, wonach Anfechtungswiderspruch und -klage von Gesetzes wegen aufschiebende Wirkung haben. Diese aufschiebende Wirkung kann indes entfallen sein, wenn ein Fall des § **80 Abs. 2 VwGO** (vgl. insbesondere Satz 1 Nr. 4 - Hinweis: umfassende Interessenabwägung notwendig) zu beurteilen ist.

- behördliche Entscheidung: §§ 80 Abs. 4, 80a Abs. 1 Nr. 2 VwGO (Wiederherstellung des Suspensiveffekts)
- gerichtliche Entscheidung: §§ 80 Abs. 5, 80a Abs. 3 VwGO (Anordnung und Wiederherstellung des Suspensiveffekts, Beseitigung der Vollziehung)

Problem: „Faktische Vollziehung" (Behörde vollzieht Verwaltungsakt trotz aufschiebender Wirkung): Die Vorgehensweise ist umstritten. Einerseits wird vertreten, dass ein Antrag nach § 123 VwGO zu stellen ist, da eine Verpflichtung des Verwaltungsträgers (Beachtung des Suspensiveffekts) begehrt wird.

Andere dagegen wenden § 80 Abs. 5 VwGO direkt oder analog an. Für diese Auffassung spricht in besonderem Maße, dass § 80 VwGO insgesamt auf die aufschiebende Wirkung zugeschnitten und zudem in dessen Abs. 5 Satz 3 ein vergleichbare Situation geregelt ist.

75. Wie unterscheiden sich die Verfahren nach § 80 V VwGO und § 123 VwGO?

Die Zweiteilung des vorläufigen Rechtsschutzes wurde bereits bei Frage 74 dargestellt. Da sich die Anwendungsbereiche unterscheiden, ist eine Abgrenzung vorzunehmen. Dieses Erfordernis ergibt sich ausdrücklich aus dem Wortlaut des § 123 Abs. 5 VwGO. Danach ist eine einstweilige Anordnung nur statthafte Antragsart, wenn vorläufiger Rechtsschutz nicht schon im Rahmen der §§ 80, 80 a VwGO gewährt werden kann. Das Verfahren nach § 123 VwGO ist somit zu prüfen, sofern *keine Anfechtungssituation* vorliegt. Es ist also einschlägig bei den Konstellationen, in denen in der Hauptsache keine Anfechtungsklage in Betracht kommt. Das betrifft in erster Linie die Fälle der *Verpflichtungs- und der allgemeinen Leistungsklage.*

Faustregel:

- Anfechtungssituation -> §§ 80, 80a VwGO
- In allen übrigen Fällen -> § 123 VwGO
- Normenkontrolle -> § 47 VI VwGO

Merke: Die einstweilige Anordnung ist nur **zulässig**, wenn ein **Anordnungsgrund** (Grund der Eilbedürftigkeit: Gefahr der Schaffung vollendeter Tatsachen) und ein **Anordnungsanspruch** (Recht des Antragstellers in der Hauptsache) **behauptet** werden. Diese Behauptung ist in der **Begründetheitsprüfung** auf ihre **Glaubhaftmachung** hin zu untersuchen.

VII. Die wichtigsten Schemata[1]

1. Prüfungsschema: Die Anfechtungsklage

A. Zulässigkeit

I. Eröffnung des Verwaltungsrechtswegs, § 40 Abs. 1 VwGO

Hier ist die Rechtsnatur des Streitgegenstands zu bestimmen. Bezüglich der Benutzung öffentlicher Einrichtungen ist die sog. *Zweistufentheorie* zu erörtern. So sehen die Gemeindeordnungen der Länder in der Regel einen öffentlich-rechtlich ausgeprägten Zulassungsanspruch vor (vgl. § 8 GemO NRW, § 10 GemO BW).

Das Abwicklungsverhältnis ist meist aber privatrechtlich ausgestaltet. Folglich: „Ob" der Zulassung = öffentlich-rechtlich; „Wie" der Nutzung = entscheidend ist die konkrete Ausformung (öffentlich-rechtlich/privatrechtlich), wobei zu beachten ist, dass eine zivilrechtliche Ausgestaltung eine Rückwirkung auf das „Ob" der Zulassung haben kann, möglicherweise handelt es sich dann dennoch um eine öffentlich-rechtliche Streitigkeit. Diese Problematik taucht auch bei den *Subventionen* auf.

Ferner kann eine abdrängende Sonderzuweisung in Betracht kommen (§ 40 Abs. 1 Satz 1 HS 2, Satz 2 VwGO). Dies wird u.a. bei Maßnahmen der Polizei relevant (Abgrenzung: präventives [Gefahrenabwehr] oder repressives [Strafverfolgung] Handeln, bei der zweiten Fallgruppe ist § 23 des Einführungsgesetzes zum Gerichtsverfassungsgesetz [EGGVG] maßgeblich = ordentlicher Rechtsweg).

---

[1] Viele weitere Schemata im Niederle-Skript „Die wichtigsten Schemata: Zivilrecht, Strafrecht, Öffentliches Recht".

Exkurs zur Einordnung des **Hausverbots**

Dem Künstler K wurde die beantragte Baugenehmigung für die Errichtung seines neuen Atelierhauses nicht erteilt. Er ist hierüber derart empört, dass er sich einen Eimer mit roter Farbe greift und in der Absicht zur Behörde fährt, die Mitarbeiter vor Ort durch tatkräftiges Engagement zum Umdenken zu bewegen. Dort betritt er den Eingangsbereich und geht geradewegs auf das nächste Büro zu, öffnet die Tür und beginnt mit den Worten „Wenn ihr die Malerei nicht unterstützt, dann kommt sie halt zu euch! Jetzt gibt´s Kunst am Bau..." die Büromöbel und, als der Sachbearbeiter ihn davon abhalten möchte, auch diesen rot anzumalen. Aufgrund dieser Aktion wurde K ein Hausverbot durch die Amtsleitung erteilt. Wie ist dieses rechtlich einzuordnen (öffentlich-rechtlich oder privatrechtlich)?

Einerseits könnte das Hausverbot aus den Besitz- oder Eigentumsrechten, wie sie im BGB ihren Niederschlag gefunden haben, hergeleitet werden. Demnach wäre es stets dem Privatrecht zuzuordnen. Eine solche Zuordnung vernachlässigt jedoch, dass ein Behördengebäude der Erfüllung öffentlicher Aufgaben dient. Um eine Abgrenzung vornehmen zu können, unterscheidet **eine Auffassung** danach, welcher konkrete **Besuchszweck** dem Hausverbot zugrunde liegt. Hindert dieses den Betroffenen daran, das Gebäude für die Erledigung eigener Verwaltungsangelegenheiten zu betreten, ist es als öffentlich-rechtlich zu qualifizieren. Ansonsten spiegelt es lediglich eine privatrechtliche Beziehung wider (Bsp.: Wohnsitzlose, die sich in einem öffentlichen Gebäude aufwärmen).

Eine **andere Auffassung** stellt hingegen auf den **Zweck des Hausverbotes** ab. Verfolgt dieses das Ziel, die Funktionsfähigkeit der Verwaltung zu sichern, dann steht allein die öffentlich-rechtliche Aufgabenerfüllung im Vordergrund. Eine Einordnung ins Privatrecht scheidet aus. Hier kommen wohl beide Meinungen zum selben Ergebnis. Einmal beabsichtigte K ein Umdenken bzgl. der getroffenen Entscheidung (amtlicher Besuchszweck), zugleich diente die Maßnahme der Behörde dem Aufrechterhalten eines ordnungsgemäßen Geschäftsbetriebs.

II. Statthaftigkeit

Angreifen eines Verwaltungsakts im Sinne des § 35 (L)VwVfG

III. Klagebefugnis, § 42 Abs. 2 VwGO

IV. Vorverfahren, §§ 68 ff. VwGO; ggf. entbehrlich, vgl. den Klausurtipp bei Frage 62, S. 67.

V. Klagefrist, § 74 VwGO

VI. Beteiligtenfähigkeit, § 61 VwGO

VII. Prozessfähigkeit, § 62 VwGO

VIII. Rechtsschutzbedürfnis

IX. Sonstige Voraussetzungen wie Zuständigkeit des Gerichts und ordnungsgemäße Klageerhebung

B. Begründetheit

Vgl. den Wortlaut des § 113 Abs. 1 Satz1 VwGO!
Im Rahmen der Begründetheit ist anzusprechen, wer Klagegegner nach § 78 VwGO ist. Teilweise wird allerdings vertreten, dass dieser Punkt in der Zulässigkeit zu prüfen ist.

I. Formelle Rechtmäßigkeit des Verwaltungsakts

Zuständigkeit, Einhaltung der Verfahrensvorschriften (Heilungsmöglichkeiten), Form

II. Materielle Rechtmäßigkeit des Verwaltungsakts

(1) Rechtsgrundlage

(2) Verfassungsmäßigkeit der Rechtsgrundlage (sofern Anhaltspunkte)

(3) Vereinbarkeit des Verwaltungsakts mit der Rechtsgrundlage (unbestimmter Rechtsbegriff, Beurteilungsspielraum, Ermessensfragen)

III. Rechtsverletzung des Klägers

2. Prüfungsschema: Die Verpflichtungsklage

A. Zulässigkeit

Größtenteils kann auf die Ausführungen im Prüfungsschema für die Anfechtungsklage verwiesen werden.

I. **Eröffnung des Verwaltungsrechtswegs, § 40 Abs. 1 VwGO**

II. **Statthaftigkeit**

Begehrte Handlung liegt im Erlass eines Verwaltungsakts (Abgrenzung zur allgemeinen Leistungsklage).

III. **Klagebefugnis, § 42 Abs. 2 VwGO**

IV. **Vorverfahren, §§ 68 ff. VwGO**

Unter Umständen ist das Vorverfahren gemäß § 75 Satz 1 Alt. 2 VwGO entbehrlich (über Antrag auf Vornahme eines Verwaltungsakts wurde innerhalb einer angemessenen Zeit nicht entschieden), ggf. auch entbehrlich gemäß Landesrecht, vgl. den Klausurtipp bei Frage 62, S. 67.

V. **Klagefrist, § 74 VwGO**

VI. **Beteiligtenfähigkeit, § 61 VwGO**

VII. **Prozessfähigkeit, § 62 VwGO**

VIII. **Rechtsschutzbedürfnis**

IX. **Sonstige Voraussetzungen wie Zuständigkeit des Gerichts und ordnungsgemäße Klageerhebung**

B. Begründetheit

Vgl. den Wortlaut des § 113 Abs. 5 VwGO

Bei der Verpflichtungsklage ist als besonderer Punkt zu prüfen, ob *Spruchreife* vorliegt oder nicht. Sofern von einer Spruchreife im Ergebnis auszugehen ist (nach der Rechtslage ist die Behörde zum Erlass des Verwaltungsakts verpflichtet), hat das Gericht ein Vornahmeurteil (§ 113 Abs. 5 Satz 1 VwGO) auszusprechen. Ansonsten ergeht ein Bescheidungsurteil (§ 113 Abs. 5 Satz 2 VwGO), in dem der Verwaltungsträger zu einer erneuten Entscheidung verurteilt wird. Dabei ist die Rechtsauffassung des Gerichts zugrunde zu legen.

Vgl. im Übrigen die Ausführungen bei der Anfechtungsklage und zwar unter der Fragestellung, ob die Ablehnung bzw. Unterlassung des Verwaltungsakts rechtswidrig war und zugleich den Kläger in seinen Rechten verletzt hat.

3. Prüfungsschema: Die Allgemeine Leistungsklage

A. Zulässigkeit

I. Eröffnung des Verwaltungsrechtswegs, § 40 Abs. 1 VwGO

II. Statthaftigkeit

Begehren des Klägers ist auf eine Leistung der Behörde gerichtet, die nicht im Erlass eines Verwaltungsakts besteht.

III. Klagebefugnis, § 42 Abs. 2 VwGO analog (!)

IV. Beteiligtenfähigkeit, § 61 VwGO

V. Prozessfähigkeit, § 62 VwGO

VI. Rechtsschutzbedürfnis

VII. Sonstige Voraussetzungen wie Zuständigkeit des Gerichts und ordnungsgemäße Klageerhebung

Beachte: Eines Vorverfahrens bedarf es nicht (siehe jedoch § 54 Abs. 2 des Beamtenstatusgesetzes [BeamtStG]). Zudem fehlt es auch an einer Fristbindung (mögliches Problem: Verwirkung).

B. Begründetheit

Bestehen des behaupteten Anspruchs gegenüber dem Klagegegner und dessen Durchsetzbarkeit.

4. Prüfungsschema: Die Allgemeine Feststellungsklage

A. Zulässigkeit

I. Eröffnung des Verwaltungsrechtswegs, § 40 Abs. 1 VwGO

II. Begehren:

Feststellung des Bestehens oder Nichtbestehens eines öffentlich-rechtlichen Rechtsverhältnisses, § 43 Abs. 1 Alt. 1 VwGO

Oder: Feststellung der Nichtigkeit eines Verwaltungsakts, § 43 Abs. 1 Alt. 2 VwGO)

III. Streitig: Klagebefugnis, § 42 Abs. 2 VwGO analog?

IV. Vorliegen eines berechtigten Interesses gemäß § 43 Abs. 1 VwGO

V. Subsidiarität, § 43 Abs. 2 Satz 1 VwGO

B. Begründetheit

Ausrichtung nach dem Klagebegehren, vgl. hierzu Punkt II. der Zulässigkeit.

5. Prüfungsschema: Die Normenkontrolle, § 47 VwGO

A. Zulässigkeit

I. Statthaftigkeit

- Satzungen und Rechtsverordnungen nach dem BauGB, § 47 Abs. 1 Nr. 1 VwGO
- untergesetzliche Vorschriften, sofern landesrechtliche Regelungen dies bestimmen; § 47 Abs. 1 Nr. 2 VwGO

II. Zuständigkeit des OVG/VGH nach § 47 Abs. 1 VwGO

III. Beteiligtenfähigkeit, § 47 Abs. 2 Satz 1 VwGO

IV. Antragsbefugnis, § 47 Abs. 2 Satz 1 VwGO

Es ist zwischen natürlichen/juristischen Personen und Behörden als Antragsteller zu unterscheiden. Die Angehörigen der ersten Gruppe müssen die Möglichkeit einer bestehenden oder in absehbarer Zeit drohenden Rechtsverletzung geltend machen.

V. Antragsgegner, § 47 Abs. 2 Satz 2 VwGO

VI. Ordnungsgemäße Antragsstellung

VII. Frist: innerhalb eines Jahres nach Bekanntmachung der Rechtsvorschrift, § 47 II 1 VwGO

VIII. Normenkontrollinteresse/Rechtsschutzbedürfnis

B. Begründetheit

Prüfungspunkte sind die formelle und materielle Rechtmäßigkeit der Norm, vgl. Einschränkung nach § 47 Abs. 3 VwGO. Bei Begründetheit des Verfahrens ist für die damit einhergehenden Folgen § 47 Abs. 5 VwGO einschlägig.

Der Verwaltungsakt, § 35 Satz 1 VwVfG

Behörde	- Stelle, die Aufgaben der öffentlichen Verwaltung wahrnimmt (§ 1 IV VwVfG) - Keine Behörde sind Privatpersonen; Ausnahme: Beliehene
Hoheitliche Maßnahme	- liegt vor, wenn die Behörde etwas einseitig regelt - Abgrenzung zum öffentlich-rechtlichen Vertrag
Auf dem Gebiet des öffentlichen Rechts	- Abgrenzung zum privatrechtlichen Handeln von Behörden
Regelung	- die Maßnahme ist auf das Setzen einer Rechtsfolge gerichtet - Realakte stellen keine Regelung dar
Einzelfall	- Abgrenzung zur Rechtsnorm - Allgemeinverfügungen i. S. d. § 35 Satz 2 VwVfG sind VAe
Außenwirkung	- die Rechtsfolge der Maßnahme tritt unmittelbar bei einer außerhalb der Verwaltung stehenden Person ein und dies ist auch beabsichtigt - Problemfeld: Sonderstatusverhältnisse (Beamte, Schüler etc.)

Sachverhalt / Personenkreis	konkret	abstrakt
individuell	VA	VA
generell	Allgemeinverfügung § 35 Satz 2 VwVfG	Rechtsnorm

Die Verhältnismäßigkeit

Die Maßnahme müsste **verhältnismäßig** sein.

a) **Zweck** der Maßnahme ist...

b) Als **Mittel** dient....

c) **Geeignet** ist das Mittel, wenn mit seiner Hilfe das Ziel erreicht werden kann.

d) **Erforderlich** ist das Mittel, wenn es kein gleich geeignetes, milderes Mittel gibt.
   aa) Gibt es ein *anderes Mittel*?
   bb) Ist dieses *in gleicher Weise geeignet*, den Zweck zu erreichen?
   cc) Ist es auch ein *milderes* = weniger belastenderes Mittel?

e) Die **Angemessenheit (Verhältnismäßigkeit i.e.S.)** ist zu verneinen, wenn der von der Verwaltung bezweckte Vorteil außer Verhältnis zu dem beim Bürger eintretenden Nachteil steht.

  aa) Welcher **Nachteil** entsteht dem Bürger?
  - Welche Rechtsgüter sind betroffen? Handelt es sich um ein besonders bedeutsames oder eher um ein weniger bedeutsames Rechtsgut (= Rang des beeinträchtigten Rechtsguts)?
  - Handelt es sich um einen schweren oder um einen weniger schwerwiegenden Eingriff in sein Rechtsgut (= Intensität)?

  bb) Welchen **Vorteil** will die Verwaltung erreichen?
  - Welche Rechtsgüter sollen geschützt bzw. gefördert werden? Handelt es sich um ein besonders bedeutsames oder eher um ein weniger bedeutsames Rechtsgut (Rang des geschützten bzw. geförderten Rechtsguts)?
  - Kann der Schutz des Rechtsguts aufgrund gebotener Eile oder drohender Gefahr nur mit einer besonders einschneidenden Maßnahme erreicht werden?

Das Ermessen

Begriff: Entscheidungsspielraum auf der *Rechtsfolgenseite der Norm* ⇔ Unbestimmter Rechtsbegriff (= *Tatbestandsseite der Norm*)

Arten des Ermessens
- **Entschließungsermessen:** Handlungsspielraum, ob die Behörde eine Maßnahme trifft oder nicht
- **Auswahlermessen:** Handlungsspielraum, welche von verschiedenen Maßnahmen die Behörde ergreifen will

Arten der Ermessensfehler
- **Ermessensnichtgebrauch:** Die Behörde trifft überhaupt keine Ermessensentscheidung, sondern geht irrtümlich oder bewusst von nur einer richtigen Entscheidungsmöglichkeit aus.
- **Ermessensfehlgebrauch:** Das Ermessen wird nicht im Sinne des Gesetzes gebraucht.
- **Ermessensüberschreitung:** Das Gesetz legt einen Rahmen für die Rechtsfolge fest und die Behörde beachtet diesen nicht bzw. überschreitet ihn.

Prüfungsumfang der Gerichte (§ 114 VwGO)
- Nur Rechtmäßigkeits-, keine Zweckmäßigkeitskontrolle.
- Das Gericht darf *kein eigenes Ermessen* ausüben, sondern nur auf die o.g. Ermessensfehler hin überprüfen.

Ermessensreduzierung auf Null
- Das Ermessen der Behörde ist auf nur eine Alternative reduziert und die Behörde ist verpflichtet, diese eine Möglichkeit zu wählen.
- Die Ermessensreduzierung auf Null tritt typischerweise auf, wenn eine Gefahr für Leib oder Leben besteht oder wenn ein Fall der Selbstbindung der Verwaltung i.V.m. Art. 3 I GG gegeben ist.

Stichwortregister

Angegebene **Zahlen** entsprechen grundsätzlich den **Fragen**. Sofern ein „S." genannt ist, bezeichnet dieses die Seite.

Allg. Feststellungsklage (s. Feststellungskl.)
Allgemeine Leistungsklage 59, 60, 68, 69, 70
Allgemeinverfügung 37, 38
Anfechtungsklage 59, 60, *S. 84 ff.*
Angemessenheit (Verhältnismäßigkeit ieS)
Aufhebung von Verwaltungsakten 57
Ausführung der Bundesgesetze 6
Auskunft und Beratung 32

Behörde 29
Bundesverwaltung 6

Demokratieprinzip 1

Eingriffsverwaltung 2, 3
Einstweiliger Rechtsschutz 74, 75
Entscheidungsspielraum
(Beurteilungsspielraum) 51
Ermessen(sverwaltungsakt) 52 ff., *S. 94*
Ermessensfehler 55, *S. 98*
Ermessensfehlgebrauch 55, *S. 94*
Ermessenslenkende Verwaltungsvorschr. 15
Ermessensreduzierung auf Null 56, *S. 94*
Ermessensüberschreitung 55, *S. 94*

Feststellungsinteresse (besonderes) 67
Feststellungsklage 59, 64, 65, *S. 90*
Folgenbeseitigungsanspruch 72
Fortsetzungsfeststellungsklage 66

Gemischter Verwaltungsakt (Doppel-VA) 36
Gewaltverhältnis (besonderes) 4, 5

Hausverbot *S. 85*

Klagearten 59 ff.
Klagebefugnis 60, 65
Kommunalisierung d. unt. Staatsverw. 23, 24
Kommunalverfassungsstreit 71

Leistungsklage (s. allgemeine Leistungsklage)
Leistungsverwaltung 2, 3

Nebenbestimmungen 42, 43
Normenkontrolle 59, *S. 91*
Norminterpretierende Verw.vorschrift 15
Normkonkretisierende Verw.vorschrift 16

Organleihe 22, 24

Realakt 30
Rechtmäßigkeit eines Verwaltungsakts
(formell, materiell) 46 ff.
Rechtsstaatsprinzip 1
Reformatio in peius 63
Rücknahme von Beihilfeentscheidungen
(Europarecht) 58

Schutznormtheorie 61
Sonderrechtsverhältnis 4, 5
Subjektives öffentliches Recht 61
Subsidiaritätsklausel 12

TA Lärm, Luft 16

Unmittelbare Bundesverwaltung 19, 20
Unmittelbare Landesverwaltung 21
Unmittelbare Staatsverwaltung 18

Verfahrensarten 59ff.
Verhältnismäßigkeit *S. 93*
Verkehrsschilder (Halteverbotsschilder) 39, 40
Verpflichtungsklage 59, 60, *S. 87 f.*
Vertrag (verwaltungsrechtlicher) 73
Verwaltungsakt 26 ff., *S. 92*
Verwaltungsträger (ausgegliederte, verselbständigte) 25
Verwaltungsvorschrift 15, 17
Vorbehalt des Gesetzes 1, 2
Vorbescheid 34
Vorrang des Gesetzes 1, 2

Wesentlichkeitstheorie 14
Widerspruch(sverfahren) 62

Zusagen und Zusicherungen 32, 35

▶ Unsere 📖 Skripten 📇 Karteikarten 🎧 Hörbücher

Zivilrecht

- 📖 Standardfälle **Zivilrecht** f. Anfänger (BGB AT+Kaufrecht)
- 📖 🎧 Standardfälle **BGB AT**
- 📖 🎧 Standardfälle **Schuldrecht**
- 📖 🎧 Standardfälle **Ges. Schuldverhältn.**, §§ 677,812,823
- 📖 🎧 Standardfälle **Sachenrecht** (Mobiliar+Immobiliar)
- 📖 🎧 Standardfälle **Familien- und Erbrecht**
- 📖 🎧 Basiswissen **BGB AT** (Frage-Antwort)
- 📖 🎧 Basiswissen **Schuldrecht AT** (Frage-Antwort)
- 📖 🎧 Basiswissen **Schuldrecht BT** (Frage-Antwort)
- 📖 🎧 Basiswissen **Sachenrecht** (Frage-Antwort)
- 🎧 Basiswissen **Familienrecht** (Frage-Antwort)
- 🎧 Basiswissen **Erbrecht** (Frage-Antwort)
- 📖 Einführung in das **Bürgerliche Recht** (für Anfänger)
- 📖 Studienbuch **BGB AT**
- 📖 Studienbuch **Schuldrecht AT**
- 📖 Einführung **Schuldrecht BT 1** - §§ 437, 536, 634, 670 ff.
- 📖 Einführung **Schuldrecht BT 2** - §§ 812, 823, 765 ff.
- 📖 Einführung **Sachenrecht 1** – Mobiliarsachenrecht
- 📖 Einführung **Sachenrecht 2** – Immobiliarsachenrecht
- 📖 Einführung **Familienrecht**
- 📖 Einführung **Erbrecht**
- 📖 🎧 **Definitionen** für die Zivilrechtsklausur

Strafrecht

- 📖 Standardfälle **Band 1:** für Anfänger
- 📖 Standardfälle **Band 2:** für Fortgeschrittene
- 📖 🎧 Standardfälle **Strafrecht AT** (für Anfänger)
- 📖 🎧 Basiswissen **Strafrecht AT** (Frage-Antwort)
- 📖 🎧 Basiswissen **Strafrecht BT 1** (Frage-Antwort)
- 📖 🎧 Basiswissen **Strafrecht BT 2** (Frage-Antwort)
- 📖 Einführung **Strafrecht AT**
- 📖 Einführung **Strafrecht BT 1** – Vermögensdelikte
- 📖 Einführung **Strafrecht BT 2** – Nichtvermögensdelikte
- 📖 🎧 **Definitionen** für die Strafrechtsklausur

Öffentliches Recht

- 📖 Standardfälle **Staatsrecht 1** – Staatsorganisationsrecht
- 📖 Standardfälle **Staatsrecht 2** – Grundrechte
- 📖 🎧 Standardfälle f. **Anfänger** (StaatsorgaR u. GrundR)
- 📖 Standardfälle **Verwaltungsrecht AT**
- 📖 Standardfälle **Polizei- und Ordnungsrecht**
- 📖 Standardfälle **Baurecht**
- 📖 Standardfälle **Europarecht**
- 📖 Standardfälle **Kommunalrecht**
- 📖 🎧 Basiswissen **StaatsR 1** – StaatsorgaR (Frage-Antwort)
- 📖 🎧 Basiswissen **StaatsR 2** – Grundrechte (Frage-Antwort)
- 📖 Basiswissen **Verwaltungsrecht AT** (Frage-Antwort)
- 📖 Studienbuch **Staatsorganisationsrecht**
- 📖 Studienbuch **Grundrechte**
- 📖 Studienbuch **Verwaltungsrecht AT**
- 📖 Studienbuch **Europarecht**
- 🎧 Hörbuch Basiswissen **Europarecht**
- 📖 Studienbuch **Staatshaftungsrecht**
- 📖 **Verwaltungsrecht AT 1** – VwVfG
- 📖 **Verwaltungsrecht AT 2** – VwGO
- 📖 **Verwaltungsrecht BT 1** – Polizei und Ordnungsrecht
- 📖 **Verwaltungsrecht BT 2** – Baurecht
- 📖 **Verwaltungsrecht BT 3** – Umweltrecht
- 📖 🎧 **Definitionen** Öffentliches Recht

Sozialrecht

- 📖 Einführung **Sozialrecht**

Nebengebiete

- 📖 Standardfälle **ZPO**
- 📖 🎧 Standardfälle **Handels- & Gesellschaftsrecht**
- 📖 🎧 Standardfälle **Arbeitsrecht**
- 📖 🎧 Basiswissen **Handelsrecht** (Frage-Antwort)
- 📖 🎧 Basiswissen **Gesellschaftsrecht** (Frage-Antwort)
- 📖 🎧 Basiswissen **StPO** (Frage-Antwort)
- 📖 🎧 Basiswissen **ZPO** (Frage-Antwort)
- 📖 Einführung **Handelsrecht**
- 📖 Einführung **Gesellschaftsrecht**
- 📖 Einführung **Arbeitsrecht**
- 📖 Einführung **Kollektives Arbeitsrecht**
- 📖 Einführung **ZPO I** - Erkenntnisverfahren
- 📖 Einführung **ZPO II** - Zwangsvollstreckung
- 📖 Einführung **StPO** - Strafprozessordnung
- 📖 Einführung **IPR** - Internationales Privatrecht
- 📖 Standardfälle **IPR** - Internationales Privatrecht
- 📖 Einführung **Insolvenzrecht**
- 📖 **Gewerblicher Rechtsschutz & Urheberrecht**
- 📖 Einführung **Wettbewerbsrecht**
- 📖 Einführung **Sportrecht**

Karteikarten

- 📇 **Grundlagen des Zivilrechts**
- 📇 **BGB Allgemeiner Teil**
- 📇 **Schuldrecht BT** (§§ 433, 535, 631, 812, 823)
- 📇 **Schemata Zivilrecht** (AT, SchuldR, SachR, FamR)
- 📇 **Strafrecht AT**
- 📇 **Strafrecht BT 1**
- 📇 **Strafrecht BT 2**
- 📇 **Streitfragen Strafrecht**
- 📇 **Staatsorganisationsrecht**
- 📇 **Grundrechte**
- 📇 **Verwaltungsrecht AT**
- 📇 **Schemata Öffentliches Recht**

Die wichtigsten Schemata

- 📖 **Band 1:** Zivilrecht, Strafrecht, Öffentliches Recht
- 📖 **Band 2:** Arbeitsrecht, Handelsrecht, Gesellschaftsrecht, StPO, ZPO

Ratgeber Jurastudium

- 📖 Ratgeber **500 Spezial-Tipps für Juristen** - Wie man geschickt durchs Studium und das Examen kommt

BWL

- 📖 Einführung in die **Betriebswirtschaftslehre**
- 📖 **Organisationsgestaltung & -entwicklung**
- 📖 **Fallstudien** Organisationsgestaltung & -entwicklung
- 📖 **Internationales Management**
- 📖 Wie gelingt meine wiss. **Abschlussarbeit**?
- 📖 **Medienwirtschaft für Mediengestalter**

Assessorexamen

- 📖 Der **Aktenvortrag im Strafrecht**
- 📖 Der **Aktenvortrag im Zivilrecht**
- 📖 **Staatsanwaltl. Sitzungsdienst & Plädoyer**

Irrtümer und Änderungen vorbehalten!

🎧 bedeutet: auch als **Hörbuch** lieferbar!

Bei **niederle-media.de** bestellte Bücher treffen idR *nach 1-2 Werktagen* ein!